幼児教育サポートBOOKS

ちょっと気になる
子どもを伸ばす！

保育者のための
発達支援ガイド

教育学修士
細井 晴代 著

明治図書

はじめに

　「子どもの行動の意味を翻訳すること・子どもの『やりたい』を育てること・好ましい方法を教えてほめること」がとても大切です。

　自閉症の子どもに会ったとき，子どもの行動の意味がわからなくて，ただただ「わからない」と思っていませんか？
　なんとか困っているお母さんと子どもの役に立ちたいと思うけれど，どうしていいかわからなくて苦しい思いをしていませんか？
　本書は，そんな思いを抱える保育園・幼稚園の先生，特別支援学級の先生，児童発達支援等の支援者に役立つ1冊です。筆者の主宰する発達支援教室クローバーでの実践の中の，厳選された49事例について子どもの気持ちの翻訳と具体的な支援方法，そしてポイントについてわかりやすく記しました。日々の実践の中でどのように導いたらわからないと悩む先生や支援者のバイブルとなるに違いありません。
　―なぜ指示に従えないのか
　―どのように将来のためになる教育を行えばいいのか
　わからないことだらけだと思います。精神論では発達障害児は力を伸ばせません。だからこそ，接し方，療育理論，教育理論など総合的な方法を知っていることが必要です。
　本書は園や学校，家庭で必要な具体的な支援について見開き2ページずつコンパクトにまとめました。いつでもこれらの事例を通して，日常の支援に活用していただければ幸いです。

2015年12月

発達支援教室クローバー主宰
細井晴代

目次

はじめに……003

1章 「ちょっと気になる子」発見と支援のアドバイス……007

1 「この子，ちょっと気になる」その時どうする？
- ❶ 「気になる子」はどこでつまずいているの？……008
- ❷ 子どものサインに敏感になろう……010
- ❸ 子どもの力を信じよう……011

2 「ちょっと気になる子」を伸ばす発達支援アプローチ
- ❶ 自信と意欲を引き出す，ほめるアプローチ……012
- ❷ 気持ちをわかってやりとり力を育むアプローチ……020
- ❸ 甘えを育てて，教育を効果的にするアプローチ……026
- ❹ ムーブメント教育を基調とした遊びのアプローチ……030

2章 「ちょっと気になる子」が伸びる！効果的な支援の事例…035

目の動き・不器用さ

目の動きが悪く何かと不器用な子ども
- ❶ 目の前に投げられたボールが取れない子ども……036
- ❷ ものによくぶつかる子ども……038
- ❸ 周囲が行っていることに無頓着な子ども……040
- ❹ トランポリンに近づかない子ども……042
- ❺ トンネルを覗くこともしない子ども……044

対人関係

対人関係が苦手な子ども
- ❻ マイペースで人と合わせられない子ども……046
- ❼ 誘っても，そばにいても，反応がない子ども……048
- ❽ 話しかけても無言で固まってしまう子ども……050
- ❾ 言葉が少なくあまり言葉を発しない子ども……052
- ❿ 人にお願いができない子ども……054
- ⓫ 助けてと言えず，怒る子ども……056

対人関係

パニックを起こす子ども
- ⑫ 耐えなくてはならない場面でおでこを叩く子ども……058
- ⑬ 挨拶ができない子ども……060
- ⑭ 唾を吐く子ども……062
- ⑮ 噛みつきのある子ども……064
- ⑯ 気に入らないと叩く子ども……066
- ⑰ 脱走する子ども……068
- ⑱ 床でゴロゴロする子ども……070

情報選択

優先順位が立てられない子ども
- ⑲ 他のことに目がいく子ども……072
- ⑳ すぐにどこかに行ってしまう子ども……074
- ㉑ 切り替えられない子ども……076
- ㉒ 順序にこだわる子ども……078
- ㉓ ドッジボールができない子ども……080
- ㉔ 時間にこだわる子ども……082
- ㉕ 予定変更ができない子ども……084

不安で安心したい子ども
- ㉖ 数字にこだわる子ども……086
- ㉗ 文字にこだわる子ども……088
- ㉘ 色にこだわる子ども……090
- ㉙ 勝ちにこだわる子ども……092
- ㉚ ルールを勝手に変更する子ども……094

チャレンジ

新しいものが苦手な子ども

㉛ 風船が怖い子ども……096
㉜ シャボン玉が怖い子ども……098
㉝ 犬が怖く，鳴き声すらも怖い子ども……100
㉞ 知らないことを一切断る子ども……102
㉟ 決まったものでしか遊ばない子ども……104
㊱ 慣れない部屋に入れない子ども……106

身体感覚

感覚過敏や鈍麻がある子ども

㊲ エアードライを怖がりトイレに入れない子ども……108
㊳ 音楽会で耳を塞ぐ子ども……110
㊴ 触られるのを嫌がる子ども……112
㊵ 運動会の鉄砲の音を嫌がる子ども……114
㊶ 特定の服以外は着ようとしない子ども……116

切り替え

感情コントロールが苦手な子ども

㊷ 自分の思い通りでないとすぐに怒る子ども……118
㊸ プレゼントがもらえないと怒る子ども……120
㊹ やりたくないことはやらない子ども……122
㊺ 教えようとするとぐずる子ども……124

記憶力

ワーキングメモリが少ない子ども

㊻ 指示にしたがえない子ども……126
㊼ 歌が歌えない子ども……128
㊽ おうむ返しが治らない子ども……130
㊾ 質問を返してくれない子ども……132

おわりに……134

1章
「ちょっと気になる子」発見と支援のアドバイス

1 「この子,ちょっと気になる」その時どうする?

① 「気になる子」はどこでつまずいているの?

　気になる子どもたちは,体・技・心のすべてにおいて,なんらかの不具合があります。その程度や,部分は様々です。すべてにおいて凸凹しているから,発達凸凹と呼ばれたりしています。

　「体」とは身体のことです。運動能力,身体感覚等を意味しますが,発達の気になる子どもは,これらが実は整っていないことが多いのです。走っているし,高いところを登るし整っているのではないかと思われるでしょう。しかしながら,その部分は整っているかもしれませんが,他の部分が発達していない,感覚が整っていない可能性があります。

　たとえば,ジャングルジムは登るけれど,登ったジャングルジムからは低いところからでもジャンプはできない等です。それは,登るという機能は発達していますが,ジャンプするという機能が未発達である可能性が高いといえるでしょう。もしくは,ジャンプを経験したことが少なくて,いまいち身体の動かし方がわからないというように,運動能力・身体感覚が整っていないという場合もあるでしょう。このように,いつもは行わない他の活動をさせてみると,意外にできない部分があることが多いのです。発達の気になる子どもたちは,その自信のなさから,自分のできる範囲の活動ばかりしている傾向もあり,できないことに気づかれにくいこともあります。

　また,感覚で言えば,ある感覚には敏感なのにこの感覚については鈍感であるというようなこともあるでしょう。それは身体の感覚が整っていないことから起こります。身体感覚を通じて人の気持ちがわかるというところがありますから,身体感覚が整っていない場合には人の気持ちもわかりにくいといえるでしょう。「技」とはそのままに技術です。どうしたらいいかの具体策とでもいえるかもしれません。身体で言えば,動かし方であり,対人関係であればソーシャルスキル・コミュニケーションスキルを意味します。発達

の気になる子どもたちは，周囲からその技を学ぶことが苦手です。

ですから，技を習得するのが苦手なために，間違った訴え方で訴え，問題行動として処理されている場合があります。

たとえば，遊びたいときに頭突きする等です。かまってほしいから行っていますが，方法が間違っています。しかしここで好ましい方法を教えられなければ，頭突きをして反応があれば，それはよしとして継続します。逆に叱られれば，頭突きはダメだということはわかりますが他の方法がわからないので他の方法を生み出します。その後に多くあるのが，またさらに問題行動を生み出すパターンです。

「心」とは，認知とも言い換えられます。どのように感じ，どのようにとらえるかということです。発達の気になる子どもたちは，多くが他者と自己について未発達なことがあります。つまり，あなたと私の関係がいまいちつかめていません。その意味は，自分と周囲が一緒くたになっていて，すべてが襲ってくるような感覚があるということです。情報を制限するフィルターがうまくいかないと表現される状態です。

たとえば新生児は少しの刺激で泣きますが，まだ他者と自己が分かれていないからです。その状態は怖いものです。当事者が「目もうるさい，耳もうるさい」と言う所以です。そしてそのために優先順位も立てにくくなっています。すべてが同等に自分の中に入ってくるため，当然だと思われます。

情報が制限できないから感覚がまとまらないのか，まとまらないから制限できないのかはわかりませんが，感覚がはっきりとしないのは各種研究からも確かなようです。そのせいで，感覚過敏や感覚鈍麻になっているところもあるのでしょう。そして世界が怖く，周囲から学びにくい子どもたちは，勝手に解釈して意味づけして独自の方法で社会生活を送ろうとしています。

このように，体・技・心のすべての様々な部分で凸凹と発達のつまずきがあります。そしてすべてがつながっています。これらのことからも，子どもの体・技・心をバランスよく整えていくことが発達を促すことになるのだと見えてくるでしょう。

② 子どものサインに敏感になろう

　発達の気になる子どもは，先述のように，体・技・心が整っておらず，表現方法が通常とずれていることが多々あります。
　そして，私たちは大雑把に気持ちを察し調整する力がありますが，気になる子どもたちは察したことを調整する力が弱いため，なかなかやりとりがうまくいきません。
　そのため，子どもの感じていることや気持ちを敏感に察することが必要になってきます。なぜなら，好ましい行動を教えたいと思ったとき，制御しようと思った行動の動機（気持ち）がわかることで効果的な方法を教えることができるからです。
　そして，気持ちをわかってくれる相手のことを子どもは受け入れるからです。受け入れてくれなければ，指導は始まりません。
　たとえば，「頂戴」の意味で怒って頭突きしたのに，「頭突きはやめようね」だけで終わっては，「頂戴」の動作を学ぶ機会がありません。でも「欲しくて頂戴をしたかった」という気持ちに気づけば，「欲しいね。頭突きではなく頂戴だね」と好ましい行動を学べます。そして気持ちをわかってもらえたということで，子どもは指示に従いやすくなるでしょう。
　敏感になるとは，「〜すべき」というところから抜け出して「この子だったらこう感じているかな」という感覚になることです。前後のエピソードはもちろん，その場で見た子どもの姿を自らの身体に写しかえて感じ，子どもの感じたものを推測することです。少々難しそうですが，子どもを見るとき「この子はなぜその行動をしたのだろう。何を感じているのだろう」という視点を持って見てみれば意外とうまくいくものです。
　上記のように，気持ちを敏感に察することは，指導のはじめであり，そしてSST（ソーシャルスキルトレーニング）に活きてきます。

③ 子どもの力を信じよう

　私が指導する中で常に感じるのは，重度でも軽度でもどんな子どもでも，発達し続けているということです。どんな子どもも，刺激したことを吸収して学び続けています。その証拠に，失敗したら学んで他の方法に変えているでしょう。できたときには，どんな子どもでも喜んでいるように見えるでしょう。子どもたちは果敢に成長しようとしているのです。

　子どもは成長しようとしている，子供は成長すると，心から信じることが大切です。成長すると信じていなければ，できると信じていなければ適切な刺激をすることはできないでしょう。なぜなら，子どもの成長を信じていないときにはきっと諦めているからです。

　きっとこの子にはできない，そう思った瞬間に刺激をしなくなると思います。「ありのままを認める」とよく言いますが，手に負えなくて放置したり何をしてよいかわからなくて放任することとは違います。「ありのままを認める」とは，そのままのあなたでいい，そのままの学び方でいいから共に成長しようという意味だと思っています。

　ですから，子どもの様子から実現可能な目標を立てることは大前提です。学んでほしいことを現段階から考えて少しずつステップアップしていく方法を考えたいものです。

　子どもの力を信じて見ていると，「あれ？　ここ伸びるよね！」と感じる瞬間があります。そこが大事です。伸びると思った瞬間に，少し刺激してみると，やっぱり「できた！」ということがあると思います。その「できた！」という経験は子どもの世界を大きく変えます。子どもに達成感を与え，勇気を与えます。そして子どもは挑戦できるようになっていきます。実際にそういう子どもの様子を多く見てきています。だからこそ，子どもの力を信じ，子どもに達成感と勇気を与える指導をしていきたいものです。

2 「ちょっと気になる子」を伸ばす発達支援アプローチ

① 自信と意欲を引き出す、ほめるアプローチ

　ほめて自信と意欲を引き出すアプローチは、成功体験を積ませ、外部から成功体験を体感させられること、すなわち子どものストーリーを変える支援の積み重ねで自信と意欲を引き出す方法論です。ここには、身体を自由に扱える自信と子どもの中のストーリーを変えるという2つの視点があります。

　自信というのは、「できる」という根拠のない気持ちです。「できる」と思わない限り、子どもはやる気を持って立ち向かおうとしません。ですから、自信を育てることは大切です。
　たとえば、跳べる自信がなければ、一切トランポリンに乗ろうとしません。跳んだとき、何かあっても自分で何とかする自信がなく、怪我をするかもしれないから怖いのです。しかし「跳べる」と感じた子どもは、その瞬間からトランポリンを楽しんで跳ぶようになります。
　このように、身体を自由に扱えるという自信はさまざまな子どもの行動に影響を与えるため、自信をつけることは大切です。

　実は、子どもの「できる感＝自信」を育てるためには、「できる」と思えるための成功体験を積むことと、成功体験を体感することや、周囲に認められることが必要です。この積み重ねが、だんだんと子どもの中に蓄積して、本当の自信になっていきます。

　具体的には、2つの観点からの指導を行います。

① 身体を自由に扱えるという自信をつけよう

・体幹を育てる7つの運動の要素

　子どもの発達は体幹から末梢に向かいます。つまり，発達する順番は，体幹から手先の運動の順番だということです。

　そこで，体幹を育てることができるムーブメント教育を基調とした教育を行います。

　また，身体の動きを教えるときに有効なのは，応用行動分析学の技法の「スモール・ステップ」と「ヒントを出す，ほめる」です。

　ムーブメント教育で，体幹を育てると言われる7つの運動の要素「遊びの7動作」が必要だと言われています。

> 跳ぶ・登る・転がる・這う・バランスをとる・回る・くぐる

　子どもは，楽しくなければ継続できず学びも浅くなります。楽しく行うことが大前提です。

　「跳ぶ」は，跳ねる，ジャンプのことです。たとえば，地面で跳ねる，高いところに登ってジャンプする，トランポリンで跳ねる，バランスボールに乗って跳ねる等です。

　重力に耐えられる自信のない子どもは，跳ねることを嫌がったりします。また，自分で跳ねるのはいいけれど意識して高くジャンプすることは嫌がる場合があります。

　「登る」は，ジャングルジムに登る，高いところに登る，気に登る，人に登る等です。

　まずは手と足の力に自信がない場合には嫌がりますし，落ちたときの着地に自信がない場合も嫌がります。

「転がる」は，前転，後転，横に転がる等，身体を転がす動作です。全身をうまく使えないとうまく身体を丸められませんし，転がせません。全身の扱い方がわかっていない場合，嫌がります。
　「這う」は，赤ちゃんがよくしているハイハイです。これは手と足が協働しなくてはなりません。手と足の協働動作に自信がない場合嫌がります。
　「バランスを取る」は，平均台や紐などを使ってバランスを取って歩く，バランスボールでバランスを保つ，不安定なものの上に乗ってバランスを保つ等です。
　ふらっと自分の身体が傾いたときに，なんとか身体を扱う自信がなければ嫌がります。
　「回る」は，回転いすなどに乗って回る，抱きかかえられて回る，自分で回る等です。回ることが大好きな子が多いのですが，自分のペースでは大丈夫でも想定外のペースになったりするときに，自分の身体を扱う自信がなければ嫌がります。
　「くぐる」は，トンネルをくぐる，ジャングルジムをくぐる，机をくぐる，狭い場所に入る等です。自分の身体のサイズや，身体の折り曲げ方がわからない場合に嫌がります。

　これらは，公園や運動場の遊具に大概含まれる要素です。特別に用意しなくてはならないものはありません。日々の保育に取り入れたい遊びです。保育の遊びの中で少し意識するだけで，子どもの体幹を育て発達を促すことができるでしょう。
　遊んでいると，得意なものと見向きもしないような苦手そうなものがあると思います。それが，自信がないと嫌がると表現したものです。では，その苦手なものをいかに克服し体幹を育てるのでしょうか。具体的に説明します。

・苦手なものを克服する３つの方法
　まずは得意と苦手の２つを見分けます。得意な部分は自信を育てる触媒に

使い，苦手な部分は，大丈夫だと伝えるためにビデオのコマ送りのように行動を細分化するスモール・ステップで教えます。そして教えたあとはやらせてみて，ほめます。

　得意そうなものは，そもそも自信があることです。ですから，他のことをやる気にさせるためにさらにほめます。たとえば「すごいね！　そんなことできるんだね！」と大げさにほめます。そのときに，手を叩く，ハイタッチ等すると非常に効果的です。

　次に，苦手そうな遊びについては，自信がない行動ですから少しコツが必要です。そもそも嫌がる行動なので，基本的には，やらせようとはしないことが大切です。

　そこで，やらせないけど達成させるための3つの方法を紹介します。

・習得してほしい動きを細分化し，できるところから開始する
・スモール・ステップで無理がなさそうなところから，手を取って強制的にやらせてしまう
・自分も腕白の気分で，子どもにしてほしい行動を，さもすごいことのように見せてやりたい気持ちを誘う

　これらはすべて，少しでも耐えられたら，できたら，やろうとしたら，ものすごくほめます。「すごいね，がんばったね，できたね」と。とりわけ，がんばった気持ちを認めることが，子どもの自信ややる気に非常に影響することを経験しています。

　子どもたちは，ほめられると，「できた」と感じ，本当にできるようになっていきます。そして，どんどん上達しようとがんばります。

　しかしながら，その日は拒否したように見える子どももいます。その子どもの場合は，立ち向かおうとしたとして，「やろうとはしたんだよね，がんばろうとしたんだよね，今度やってみよう！」と伝えることにしています。大概，次の機会にはできるようになっていたり，やってみようとします。

たまに3回目にようやくやってみようとする子どももいます。子どもがやれると信じ，待つことも大切です。

② 子どもの中のストーリーを変えて自信をつけさせよう

・イメトレは効果的⁈

　子どもの中のストーリーを変えて自信をつけさせるアプローチについて説明します。自分の作ったストーリーによって人は行動を左右されます。

　ストーリーというのは，自分が作ったイメージであり，そのプロセスと結果です。スポーツの世界でイメージ・トレーニングと言われるものです。

　たとえば，「ぼくは何をやってもできない」というような自分を自分で規定するようなものを言います。このストーリーを持っている場合，やはり結果もうまくいかない場合が多いものです。

　これはソーシャル・ストーリーという技法でも使用されています。「誕生日にはみんながおめでとうと言ってくれます。そうしたら，ありがとうと笑顔で言います」というようにストーリーにして流れをインプットしようとするものです。言葉の理解ができるようになった子どもに有効な方法です。

　このように，ストーリーは人の行動に影響していきますから，好ましいストーリーを子どもに教えることで，好ましい行動を子どもが行えるように導くことができます。

　先ほどのストーリー，「ぼくは何をやってもできない」の場合，「ぼくでもこれはできる」というストーリーに変えていけたら，きっと子どもは自信を取り戻せることでしょう。

・ストーリーを変えるための「できる」意識を持たせよう

　子どものストーリーを変えるには，やろうとするには，「できる」という意識を授ける支援が必要です。それには，基本的にやる気があるものとしてとらえた言葉かけが必要です。

発達に凸凹のある子どもたちは，どこか自信がありません。「できないだろうから，見ていよう」とか「できそうもないから，見たくもない」等の気持ちがあるように思います。彼らが拒否しているとき，身体から否定的なオーラがにじみ出ているように感じることがあるでしょう。
　その否定的な「できない」というストーリーがある限り，子どもは挑戦しようとしません。私たちも，できそうもないことは挑戦しないでしょう。それと同じです。
　この場合，やろうとするには，「できる」という意識を授ける必要があります。

・状況で異なる「できる」の意識づけをしよう
見ているだけの子ども
　「やろうとしていて見ている。次はやろうとしている」というストーリーに変えます。そして次のステップにつながりやすくします。
　言葉かけは，「やりたいって思って，今見て学んでるんだね。すごいね」「次，やろうね」です。このように見ているだけでもほめます。
　基本的にやる気があるとみなし，やろうとしているとして声をかけます。すると自分の中に「やろうとしている」というストーリーを作ることができます。
　すなわち，「できない気がするけど，やろうとして見ている」というストーリーとなり，次につながりやすくなります。

身体は固まっているが，どうもやりたそうな気配を感じる子ども
　「やってみたらできた」というストーリーを子どもの中に作り，そして達成感と自信を授けます。
　言葉かけは「やりたいね。ちょっとだけやろうか」です。声をかけて一緒に行い，ほんの少しだけでも行ったら，「すごいね，できたね。やるとできるね」とできたことを強調してほめます。

できたというのは達成感であり，自信となっていきます。経験上，1つの「できた」から，様々なところに波及していきます。とりわけ，挑戦する気持ちに変化が現れるように感じています。
　「やってみたらできた」を体感させることは，今後の発達にも重要です。

見向きもしない子ども

　まずは怖くて見られないことを理解し，そのうえで楽しさを共有できるように思いっきり楽しいことを見せます。次に，見てくれたらほめ，感謝し，上記の2つの状況へと進んでいきます。
　まずは見ることから促します。「あれ，あんなことしてるよ！　すごくない？」と見せたり，お気に入りのおもちゃをわざと注目してほしい遊具で遊ばせて「こんなことできちゃった！」と楽しそうに見せます。これは何をしているかというと，子どもの「憧れ」「やりたい」を育てているのです。子どもは，「憧れ」や「やりたい」がなければ，やろうとしません。
　注目してくれたら「ありがとう，見てくれて」とお礼を言ったり，「すごいよね，やりたくない？」と誘ったりします。興味が出てくるまで，諦めずに刺激してみます。すると徐々に興味が出てきて，見るようになります。
　見るようになったら状態に合わせて上記2つの支援を行います。

・遊戯室に入ることができなかった太郎君

　太郎君（3歳　広汎性発達障害の診断）の事例です。
　太郎君は，まず遊戯室に入ることもしません。遊戯室の入り口で立ち止まり，下を向いて固まっています。誘っても，一歩も入りません。
　このとき，あなたならどうしますか？　よくあるのが，行けないのだと諦めて別室で遊ぶかずっと説得し続けるという指導です。
　しかしこの方法，効果的だと思ったことありますか？
　そこで，次の支援を提案しました。「見向きもしない子どもへの支援」から進めました。「あ！　あんな楽しそうなことやっているよ」「あんな楽しそ

うな遊具がある」と見せ，すごく楽しそうにはしゃいで見せてもみました。すると緊張が弱まったようだったので，しばらく見させてから一歩入るように太郎君に言いました。すると，手は引かれていたものの，一歩中へ入ることができました。

・**次の目標は，遊具を１つでも触って遊ぶこと**

　遊具に興味を持ってもらうことから始めました。とった方法は２つでした。１つは，ターゲットを滑り台に設定し，私が思いっきりタタタタタッと滑り台を立って駆け上がることです。もう１つは，実際に太郎君を登らせることです。

　最初に，「すごいでしょ！　楽しいよ！」と見せて，反応を待ちました。見てはいましたが，それでも太郎君は固まっていました。そこで，今度は坂をタタタタタッと下るところを見せました。見てはいましたが，まだ固まっています。しかし緊張感は確実に弱まっているように見えました。次に私は思いきって，太郎君を抱っこして滑り台に乗せました。そして立たせて，身体を支えてタタタタッと下らせました。下まで来たら，「すごい！　できたね！　すごいじゃん！」と手を叩いてほめ，ハイタッチを求めました。

　すると，不思議です。恐がっていて見向きもしなかったはずなのに，次の瞬間自ら登ろうとしています。「手を貸して」という動作もできない子どもだったので，「やりたい」を察知したのは，子どもが滑り台に近づき，じーっと下から上を見ていたことからでした。その行動は，「やりたいけど，どうやってやるんだろう」というように受け取れました。ですから，手を引いて立って登らせました。スピーディーにタタタタッて。

　その後は，もう病みつきになったようで，太郎君は繰り返し立って上がり下がりしていました。それから３回目には「たたたた，する」という言葉を手に入れていました。

② 気持ちをわかってやりとり力を育むアプローチ

　子どもの気持ちを理解し・翻訳し・好ましい方法を教えるアプローチです。「動機・行動・結果」，そして発達の気になる子の「認知傾向」が関係しています。わかりあう前提として気持ちを理解することが必要であり，それには発達の気になる子の認知傾向を理解しておく必要があります。

① まずは行動に至った動機を理解しよう

・**認知傾向は，個人の感じ方も関わる**

　認知傾向とは，ものごとを見る，聞く，理解する，覚える，考える，コミュニケーションに関わる，ものごとのとらえ方を言います。細かく言えば，聴覚優位や視覚優位も入ってきます。そこには，生活環境も影響していますし，文化も影響し，そして個体の持っている感じ方も影響しています。

　感じ方が敏感な人は，様々なことを敏感に細かいところまで認知してしまうでしょう。

　同じように，発達の気になる子の独特な感じ方も，彼らの認知に影響しています。聴覚過敏がある場合，中くらいの音量が大音量に聞こえてしまう等です。

・**動機を理解することが大切**

　人間の行動は動機→行動→結果で構成され，人間の行動には，必ず動機があります。動機がわからなければその行動の意味もわかりません。

　たとえば，遊びたいな（動機）→体当たり（行動）→驚いて大声を出す（結果）の場合，大声を出して反応してくれれば遊んでくれていると感じてしまっている場合は多いのです。

大声を肯定的な反応ととらえてしまうところに，発達の気になる子の独特の認知傾向が関係しています。

② 発達の気になる子の認知傾向を理解しよう

　心理学，医学等の研究から特に９つの認知傾向が彼らの気持ちの翻訳に必要だと考えています。当然，これらは個人によってその感性は異なります。強かったり弱かったりするでしょう。しかもこの認知傾向は，私たちも発達の過程で体験してきたものです。

---

① 世界は侵襲的で恐怖である
② 広範な注意の問題のために情報を選択できない
③ タイムスリップやパニック
④ 独特な行動
⑤ 自分流の社会的行動
⑥ 人に対しての志向性のなさ
⑦ 先読みの苦手さ
⑧ こだわり行動
⑨ 新規不安と初期抵抗

---

① **世界は侵襲的で恐怖だから人も怖い，目も怖い**
　自分はどう感じていて人はどう感じているという意識の自他意識が未発達な子どもたちには，世界が侵襲的で恐怖に映っています。そのことは相互主体的な関わりそのものを経験しにくいので，人というものを理解する能力の発達が厳しく制約されます。そのせいで認知能力・言語能力および社会的能力などの発達までもが妨げられています。なぜなら，人は人とのやりとりから学ぶからです。
　とりわけ自閉症スペクトラム症児たちは，周囲の少しの刺激に非常に敏感

です。世界や人間が怖いのでしょう。世界と自分とが区別できずに恐怖の中にいるのではないでしょうか。目が怖いというのも，私たちは人にまなざしを向けると人の感情が侵襲してくる感覚を持ちます。それが自閉症では感覚も未分化なので，わけのわからないものの侵襲と感じてしまうから，目を合わせることはおろか人の方を見るのも苦手なのではないでしょうか。

② 情報を選択できないから，感覚過敏・感覚鈍麻に見える

　入力情報の絞り込みができず，感受性の鋭さとその情報のコントロールの苦手さがあります。鋭い感受性，感覚過敏があり，知覚を等価で受け取ってしまうために混乱しやすく，もしくはそれを避けるために，他の刺激で遮断します。他の刺激で優先されるのは内的に存在するパターンか自己刺激です。

　混乱しているから，原因と結果等，枠組みを作ることが苦手です。

　感覚鈍麻とでもいえるような状態でも，実は彼らも実は外界刺激のあまりの強さや激しさのために圧倒されて積極的な行動がほとんどできないほどの深刻な状態にあることが少なくありません。

③ タイムスリップやパニックは過去の体験の再現

　感情的な体験が引き金となり，過去の同様の体験が想起されるものです。その過去の体験をあたかも現在の，もしくはつい最近の体験であるかのように感じてしまうといいます。

　パニックはほぼこのことが原因となっているといいますが，中には何かわからないことでパニックを起こすこともあります。その現象の裏には子どもの辛さがあるということを認識しておきたいものです。

④ 怖いから，独特な行動で安心しようとする

　前述の，世界が恐怖で侵襲的だというところから，人への関心の動機が失われている状態にあると考えられます。こだわりも反復行動も自分を守るため仕方なく行っていることなのでしょう。

⑤　怖くてやりとりで学べないから，自分流の社会的行動になる
　周囲から学ぶことが苦手なことから起きてくると感じています。単にマイペースだからではなく，周囲から学べない苦しい状況にあります。
　また，関係ができはじめ，交流したときにも，絶対的な経験不足で他者の気持ちを読み取ることは難しく，経験不足と認知傾向の違いによって，好ましい社会的行動をとりにくいのです。

⑥　怖いから，人に対して興味が向かない
　人に対して注意を向けて関わっていく仕組みに，何らかの苦手さがあります。また，特に自閉症スペクトラム症児は，健常児のように養育者との一体感の中から世界が始まるのではなくて，3歳を過ぎて世界の認知が可能となった段階で初めて養育者が認知される傾向があります。そのために共感の力が育ちにくい傾向にあります。

⑦　先読みが苦手だから，不安でパニックになる
　もっとも苦手な行為は，先読みを必要とする作業です。次の行動を読むことが非常に苦手です。その証拠に，指示されなければじっとして動かなかったり，次の瞬間に知覚したものの方へ走り去ったりします。そして予定変更やルートの変更にパニックを起こしたりします。これは覚えていられないという不安からも来るのだろうと感じています。

⑧　安心したいから，知っていることにこだわる
　こだわり行動とは，④独特な行動ともいえます。無意味な反復行動等は，彼らにとっての安心できる方法なのでしょう。

⑨　怖いから，初めてのことに不安（初期不安）ではじめは抵抗する（初期抵抗）
　課題には必ず初期抵抗があります。課題の定着には約1か月程度は必要となります。これは世界が不安で怖いこと，周囲から学べないため絶対的な経

験値が少なく，自信がないことと関連しています。

　人は誰でも，自分の行動の意味や自分のレベルとは違う指導はなかなか受け入れないものです。自信がなければ尚更です。

　定着について脳科学の見地からは，脳のニューロンができあがるまでに2週間から4週間かかることを考慮すると，定着には1か月くらいかかると考えた方がよさそうです。もし1か月で効果が出ない場合，その導こうとした内容が子どもに合っていない可能性が高いといえ，指導方法の再考が必要です。

　9つの認知傾向は，子どもの動機や気持ちに大きく影響しています。私たちには思いもよらない傾向がみえたことでしょう。

③　気持ちの翻訳と支援をしよう

　気持ちの翻訳をするには，発達の気になる子どもの9つの認知傾向を自らも想像して感じてみることが必要です。そのうえで，子どもたちの行動を自らに写して感じてみることが必要です。例を以下に示します。

・お別れ会でみんなが歌っているのに耳をあからさまに手でふさぐ

　発達の気になる子の認知傾向で感じ取ってみると，②感覚過敏と⑤自分流の社会的行動が関わっていることに気づきます。

　つまり，子どもには歌声が大音量のように聞こえてしまっているか苦手な音に聞こえてしまっているか，すべて一緒くたになっていて耳障りで混乱し，聞きたくないと感じているのでしょう。そして，どうしていいかわからないため，自分流の「耳を手でふさぐ」方法に出たのでしょう。それがよいか悪いかはわからないのだと思います。

　誰しも，苦手な音なら，思わず手を耳でふさぎます。しかしその場で優先される事項がある場合我慢するものです。発達の気になる子で周囲からまだ学べていない子どもは，その優先順位がわかっていません。ですからこのよ

うな「失礼な行動」に見られるような行動をとってしまいます。
　その場合には，音を和らげる他の方法が必要です。見えないくらいの耳栓を入れておくとか，問題の合奏のときには席を外すなどです。将来的には，自分で苦手な音を認識し周囲に苦手な音を伝え，事前に席を外す許可をもらうなど調整ができる力も必要となります。

・**本等，初めて見るものについては最初のページから最後のページまで目を通さないと気が済まない。気に入らないものは触りもしない**
　発達の気になる子の認知傾向で感じ取ってみると，本等が何者かがわからずに怖いという感覚が関わっていると感じます。⑧怖いから，独特な行動で安心しようとする，⑨怖いから，初めてのことに不安（初期不安）ではじめは抵抗する（初期抵抗）が関与していることに気づきます。
　初めてのものは，どうなっているかわからないので怖いのです。ですから不安で調べようとします。その子にとって不安が強いような内容だったりすると手に取ることもしません。怖くて手に取れないのでしょう。
　見たいというときには，気が済むのならその後数回は，最初から最後まで見ることを許します。しかし大丈夫と言う気持ちも育てたいので，「前見たね，大丈夫だよ」と声をかけて大丈夫ということを印象づけ，最初から最後までを見なくても大丈夫に導きます。
　ひどく怖がっている場合には，見ようともしないどころか見せようとすると怒ってきたり，本などを投げてしまうこともあります。そのようなときには，かなり怖いのだという理解をして，大丈夫感を育てるように背中などをさすって「大丈夫だよ」と声をかけてあげたいものです。その支援によって，徐々に大丈夫感は育っていきます。
　言葉は不思議なもので，1か月程度言い続けられると腑に落ち，本当になってくるものです。支援している子どもも，最初のうちは必ず最初から最後まで見ていましたが，大丈夫と言い続けるうちに新しいものについても見ないですぐにはじめられるようになりました。

③ 甘えを育てて，教育を効果的にするアプローチ

　甘えとは，人との関係性の発達のうえで初期にある基本的な人間関係の基礎となるものです。頼るというのも，甘えの1つです。「見て」「やって」「あれ取って」「遊んで」これは乳児期の最初からあります。やりとりの基礎です。近年，精神医学でも甘えは重要視され，甘えが発達しないと精神疾患にかかりやすいと言われています。人の精神の健康に大きく関わっているといえるでしょう。人は社会的な動物と言われる所以です。

　発達の気になる子では，その甘えが乏しいことが多いように思います。とりわけ自閉症スペクトラム症児では，前述の感性でも述べたようにかなり乏しく，母子関係もあまり築けないまま幼児期，学童期と過ごしていることも多いようです。

　しかしながら，甘えは人間関係においての基礎であるため，必ず獲得させたい要素です。

　この甘えを育てて，教育を効果的にするアプローチを実践すると，母子間もしくは保育者との間に甘えが育ち，それが周囲との関係にも波及していきます。

・甘えを育てて，教育を効果的にするアプローチ　基本的な動作3つ

> 「いい子いい子」「気持ちの理解」「教えてほめる」

　甘え下手な子どもに「いい子いい子」によって甘え方を教え，9つの感性を基に「気持ちを理解し」子どもに言葉でフィードバックし，好ましい方法を「教えてほめる」の関わりをします。この関わりによって，子どもは安心し，安心を与えてくれた相手に甘えることができるようになります。安心が

甘えを育てるのです。

　母子関係を心配されると思いますが，保育者との間の甘えが母親への甘えに発展することもわかっています。保育者との間に甘えを育てることが，母子関係の改善につながります。

① 感覚過敏に配慮して甘え方を教えよう

　関係を築くことが苦手で，甘えてこなかった子どもたちは，どのように甘えていいのかわかりません。その代表的なのが，自閉症スペクトラム症児の接近回避行動です。接近回避行動とは，近づいてきたかと思ったらすぐに離れていくというような行動を言います。おそらく，そばにいたいのだけれど怖くて逃げていくという心理なのでしょう。

　このような，甘え方がわからない子どもに対しては，経験がないのですから経験を積ませるしかありません。具体的には，近づいてきそうなとき，甘えたそうなときに「いい子いい子」をすることになります。

　逃げることもあります。そのようなときにはぎゅっと抱きしめ，一瞬弛緩し，抱きしめ，とすることも有効です。少しずつ慣れさせるという感覚です。

　「いい子いい子」にも感覚過敏への配慮が必要です。彼らは感覚過敏で触れると痛いと感じる部分があることがあります。そんなときは，四つ這いになって雨が当たる部分は大丈夫なことが多いため，その部分を弱くさする，軽く抱くなどであらわすことをお勧めしています。中には，強くやってほしい子どももいるので，様子を見ながら加減は調節してください。

② 「いい子いい子」の様々なバージョンを手に入れよう

・手をさする，手を握る：体に触れることを嫌がるとき
・背中をさする，手を押し当てる：慰めるとき
・肩を抱く：抱きしめるまではばかられるとき

- ぎゅっと抱きしめる，軽く抱く：嫌がらないとき
- 自分で自分を腕で抱く：安心感の再現，触れられるのを嫌がるとき

③ 甘えを育て自律性を育てよう

　甘えの支援というのは，母子関係の改善はもとより，最終的には安心感が心の中に育つことを目的としています。安心感が心の中に育てば（安心の内在化），いつでも自分を安心させることができるのです。

　いつでも自分で安心を取り戻すことができれば，不安になっても落ち着くことができ，怒りも安心によって収めることができるでしょう。

　そのためにも，甘えが育ってきて素直に甘えられるようになったころから，自分で自分を撫でたり抱きしめたりして安心を得られるように仕向けていく支援が必要だと考えています。

　実際に，素直な甘えが育った後に安心感の内在化を図った例では，課題がとけるかどうか不安なときに自分の手をさすって落ち着こうとする動作をして自分で落ち着かせることができるようになりました。

　すなわち甘えを育て，自分で安心を感じられるようにすることは，怒りや不安のコントロール（自律性）を助けます。

④ 気持ちの翻訳によって，受け入れる準備を整えさせよう

　気持ちの理解は，認知傾向を基にした翻訳です。さらには，その翻訳を言葉や動作によって子どもに「わかったよ」とフィードバックすることが必要です。子どもは，気持ちが言葉や動作になることによって，相手に受け入れられたというサインを受け取り，また自らの気持ちを整理しコントロールしやすくなります。これは「教えてほめる」につながっていきます。「教えてほめる」については後で述べます。人は，受け入れられてはじめて相手を受け入れるという性質があります。それは誰しも同じです。

私の経験では，子どもたちは「わかろうとしている姿勢を相手が見せる」と指示に従うようになっています。人間なので，完全にはわかりませんし，大雑把にしか気持ちはわかりません。だからこそか，「わかろうとする」という意識が大切なようで，その意識で子どもの態度が変わるようです。
　子どものこちらへの態度が変わってくると，関係は双方向ですから，おのずと保育者と子どもとの関係も改善されてきます。また，それだけではなく，関係を築く力を伸ばすことができるため，母子関係も改善されていきます。だんだんと指示に従ってくれるようになってきます。相手を受け入れる準備が整ったのです。
　そして，次には，気持ちをわかって好ましい方法を「教えてほめる」です。

⑤ 「教えてほめる」で好ましい方法を定着させよう

　これは前述の応用行動分析学の中の「スモール・ステップ」と「ヒントを出す，ほめる」に同じです。特に，教えるというのは好ましい方法を教えることを意味しています。行動には，必ず動機すなわち気持ちが関与しています。動機や気持ちと合致した行動でなければよい結果は得られません。すると定着しにくくなります。だからこそ，気持ちの翻訳は教えるときには重要なのです。
　動機→行動→結果と，人の行動は構成されています。先述の例えの，遊びたいな（動機）→体当たり（行動）→驚いて大声を出す（結果）の場合を考えると，大声を出して反応してくれれば遊んでくれていると感じてしまっている場合は体当たりを繰り返します。それで行動だけに焦点を当てて怒られたとしても，体当たりは繰り返すでしょう。なぜなら，禁止だけだからです。
　しかし，「体当たりではなくて遊びたい」気持ちを言葉でフィードバックし，かつ「遊ぼうと軽く肩を叩く」などの指導を行い，その結果お友達が遊んでくれれば，その結果は「よかった」ことになり，子どもはその行動を繰り返します。

④ ムーブメント教育を基調とした遊びのアプローチ

　このアプローチでは，ムーブメント教育で主要な活動を取り入れながらも，大掛かりな用具等を使用しないで行えるものを提案します。基本の考え方は，「❶自信と意欲を引き出す，ほめるアプローチ」に同じです。

① 遊びの7動作によって，6つの力を育てよう

　遊びの7動作（跳ぶ・登る・転がる・這う・バランスをとる・回る・くぐる）は，それぞれに行うのではなく，遊びの中でメインはあるでしょうが基本的には組み合わせて遊びを組み立てます。

　体幹は7つの動きでしっかりとしてきます。そして姿勢を保つことが容易になります。手先の動きも器用に発達しやすくなります。

　コミュニケーション能力はやりとりを繰り返すことから発達します。遊びのなかで感情のやりとりをすることで可能となり，同時に言葉も社会性も育てることができます。

　段取り力・創造力は，順序を立てて物事を進める力です。これは遊具を自由に組み合わせて遊ぶ経験から育ちます。頭でイメージすることを自然と覚え，それを作り出そうとすることで育ちます。

　達成感からの自信は，基本的に「できた感」を大切にしますから，その積み重ねで育ちます。

　目の動き・身体の動作は目と身体の協応動作を意味しています。目と身体が共に連動して動かなければスムーズに身体を扱うことはできません。字が下手というのは目と手の協応動作が苦手なことから起こるのです。目を使った遊びで育っていきます。

　ワーキングメモリは，「これをやってからこれをする」というような短期記憶のことを言います。発達の気になる子どもたちには1つしかないことが

多いと言われています。しかし，遊びの中で自由に組み合わせて楽しんでいたり，ながら遊びをすることによって飛躍的に育てることができます。

このように，ムーブメント教育を基調とした遊びの中で様々な力を育むことができます。

② 実践例でチェックしよう（発達支援教室クローバーでの取り組み）

例1：「滑り台を逆走＋滑り台をスーパーマンの姿勢で滑る＋トンネルをくぐる＋トンネル内で回る」遊び

これは，バランスを取る，くぐる，転がる，を組み合わせた遊びです。（組み合わせの要素については，「❶自信と意欲を引き出す，ほめるアプローチ ①身体を自由に扱えるという自信をつけよう」を参照）

滑り台を立ちながら登らせ，登り切ったら今度は上から腹這いになってちょうどスーパーマンが飛ぶ姿勢で滑らせます。そして子どもがトンネルの中に突入してから，トンネルをくぐらせながら揺らします。

そのときに，「高いね」「速いね」「足疲れるね」「難しいね」「がんばってるね」「できるよ」「立って登る」「滑る」「腹這い」「揺れる」「地震だ」などの，現在の状況を言葉で表して伝えることも大切です。

この体感と合致した言葉がけによって，子どもは言葉を獲得していきます。これを私は，言葉の実況中継と呼んでいます。

この遊びは，言葉だけではなく実は，段取り力・創造力も育てています。組み合わせること自体が，段取り力・創造力を育てます。子どもは「こうして，こうして」とつぶやきながら組み合わせています。

怖がりでなかなか新しいものに手を出さない子の場合には，滑り台を逆走し，座っても立ってもいいから下りるという遊びをしてほめるだけでも「上がって下がる」という段取りが生まれ，そのうちに組み合わせたいと思えるようになります。

「これができたんだから，あれもできるんじゃないかな」という憧れ・や

りたいが育つと，どんどん自分から組み合わせていくものです。

　途中までででもできたことをわかりやすくほめ，達成感をとてもたくさん味わわせてあげましょう。

例２：「ジャングルジムに登る＋風船が飛んでくる＋ジャンプ」遊び

　ジャングルジムに登らせて，風船を飛ばし子どもに風船を打たせて，手を取ってジャンプさせます。

　風船が飛んでくることによって，風船を避けたり打ったりという遊びが生まれます。そのときに，目で風船を確認し，避ける（目と身体の協応動作），風船を打つ（目と手の協応動作）ことで自然と目との協応動作を学びます。いつしか器用に目と手・身体を動かせるようになっています。

　「風船いくぞ，３・２・１・バーン」と声をかけるとタイミングも学ぶことができます。要は，期待することを学ぶことができるということであり，コミュニケーションの中で相手の気持ちを読むことにつながっていきます。

　さらに登りながら風船を打つ，という「ながら遊び」は，２つ以上の行動を同時に行うことも学べます。同時進行の能力を高めるのです。それはワーキングメモリを増やします。

　また，子どもにとって風船は想定外なことがあります。だから最初は怒ったりしますが，いったん楽しいと思いだすと楽しく遊べます。そのきっかけは，こちら側が楽しいと全面的に表すこと・伝えることだと思っています。こちらが楽しそうにしていると，子どもはかなり乗ってくるものです。

　さて，想定外のことを仕掛ける効果というものもあります。それは想定外のことにも耐えられるような忍耐力をつけることです。遊びの中で想定外のことに耐える力をつけられた場合，子どもたちは実際の生活の中でも耐える力が発揮されていることを報告いただいています。

　「ながら遊び」と「想定外の遊び」を組み合わせてみると，意外なほどに子どもたちは柔軟性を手に入れられます。

例３：「トランポリンで跳ねながら風船でキャッチボール＋しりとり・会話」遊び

　これは，跳ぶ，が中心の遊びです。トランポリンを跳ばせながら，風船をキャッチボールします。余力がある場合はしりとりや会話をさせます。

　これは「ながら遊び」です。しかも，目と手の協応動作と目と身体の協応動作が含まれています。さらには，しりとりや会話で記憶機能を使い，ワーキングメモリを育てます。つまり，身体の動作でも脳を使い，しりとりや会話でも脳を使います。大変です。

　大変ですが，楽しければ脳はどうにかしてその能力を手に入れようとします。そこがポイントです。いかに楽しく行うかです。

　しかし，会話を無視することがあります。または跳びながら風船のキャッチボールすらも嫌がることもあります。

　それは自信がないからです。子どもたちは，今からする活動について何かしら自信が持てないと拒否します。そういうときには，スモール・ステップで攻めることが必要になります。ですから，跳ぶからの指導の場合もあれば，跳びながら会話の指導もあるでしょう。

　どちらにせよ，「やらせたい」という気持ちが先行しすぎると子どもは楽しくなくついてこないので，とにかく「楽しさを教えてあげる」というスタンスで教えるとよいでしょう。

　もし無視しても，基本的にはやる気があるということにして「今は無理か～，でも楽しいね。またやろうね」とさりげなく誘い続けると，だんだんできるようになります。少しでもやってくれることがあったら，思い切りほめると成長は早くなります。

　このように，ムーブメント教育の７つの要素を組み合わせると同時に「ながら遊び」も取り入れると，子どもの成長を多方面から刺激することができます。

2章
「ちょっと気になる子」が伸びる！効果的な支援の事例

目の動きが悪く何かと不器用な子ども

こう君 3歳5か月

1 目の前に投げられたボールが取れない子ども

目の動きのトレーニングとともに取れるボールで遊ぼう！

ココに注目！

事例 ▼

　こう君は，目の前のボールを見て，取ろうとするポーズを取るほどやる気はあります。しかし，ボールが飛んでくると，顔に当たりそうな距離でもないのにその場で目をつぶってしまいます。※1

　見ていると，顔の近くにくると目をつぶってしまうようです。近くと言っても30センチ程度です。

　そこで，目の動きを確認してみました。

　すると，目の動きは中心部だけにとどまり，広い範囲では動きが悪いことがわかりました。そして，目に近づけると目をつぶってしまったり，顔をそむけることがわかりました。

　そのときの表情は，怖そうな感じです。おそらく，ピントがうまく合わせられずに怖いと感じているのでしょう。

　したがって，こう君への目のトレーニングは，上下左右と目に近づけるものを遊びの中に取り入れることにしました。具体的には，こう君の好きなキラキラボールとアンパンマンを交互に使って，目で追わせるトレーニングをしました。続くように，その的を指でタッチさせました。※2

　また，遊びのときに風船でキャッチボールのようにしてみたり，当ててみたり，ボールを転がすなどボールを取りたいという気持ちが育つような遊び※3をしてみま

※1
子どもがボールなど目の前に来たものに対して目をつぶってしまうのは，目の動きが悪くてものをしっかりととらえられずに怖いからです。精神論や慣れではないことに注意したいところです。

※2
子どもはトレーニング風になると，その支援を拒みます。また目だけで追うのはまだ難しいところがあります。ですから，遊び感が出るように指でタッチすると効果的です。

※3
子どもの発達は，「やりたい」「憧れ」がキーワードです。

036

| 目の動き・不器用さ | 対人関係 | 情報選択 | チャレンジ | 身体感覚 | 切り替え | 記憶力 |

した。

　ものを目で追わせるトレーニングは，こう君にとっては非常に目の疲れるものだったようで，途中で飽きてしまうことがありました。そのときには，ゴムつきのお手玉で当てて遊ぶ，指人形で「見ていないと，攻撃しちゃうぞ」と言ってくすぐり攻撃をするなどの遊びをしました。

　その甲斐あって，だいぶ目を動かす範囲が広くなり，近づいたものも目から15センチくらいのところまで目をつぶらずに見えるようになりました。かかった期間は，1か月程度です。

　遊びは，<u>目の動きが改善されるのに伴い，徐々に目をつぶりながら風船をキャッチしようと果敢にチャレンジする</u>※4 ようになってきました。物を目で追うトレーニングで目の近くでも目をつぶらなくなってくるにしたがって，徐々に目をつぶらずに風船やボールをキャッチするようになってきました。

ココに注目！

※4
チャレンジは，少しでも自信がなくてはできません。目の動きが「できる」と思ったからチャレンジできたのでしょう。

支援のポイント

　これは，目の動きがボールを取るという動作と連動していたという例でした。このように，運動と目の動きはかなり連動しています。運動につまずきがある場合には，目の動きを意識した遊びや物を目で追うトレーニングをするとよいでしょう。できる感が育ち，それが子どものやる気を育てることにもつながります。

目の動きが悪く何かと不器用な子ども　　　なおちゃん　4歳1か月

2 ものによくぶつかる子ども

長さや幅を意識した遊びとパズルで遊ぼう！

事例 ▼

　なおちゃんは，机から遊戯室に向かうときにたいがい机の角にぶつかります。そのときの視線は，机から離れたずっと向こうのものに向かっています。つまり，机と自分の関係に対して不注意なのかもしれません。

　もしくは，幅をしっかりととらえたつもりが間違っていてぶつかってしまっているのでしょう。

　私たちも，気になるものがある場合には一瞬だけ机を見ますが，ずっとは見ていません。一瞬机を見たら，瞬時に幅を把握し，とっさに気になるところに行きます。でも，ぶつかることはありません。

　そう考えると，なおちゃんは多少不注意なところがあるかもしれませんが，幅をきちんととらえられていない可能性もあることに気づきます。[※1]

　したがって，なおちゃんの支援には，遊びのときには落ちそうな平均台を渡って注意を促すものと，幅の狭い棚に入る，トンネルをくぐって幅を意識させる遊びをしました。幅と身体の使い方を覚えるためです。

　また幅の認知を是正するため，長さや形がさまざまなパズルを使って遊びました。

　なおちゃんは，最初は平均台も1歩で落ちていましたが，1歩でも上がったことをほめました。そして，落ちてしまったら「落ちたね」と声をかけました。[※2] すると「落ちたね〜」と笑って遊ぶようになりました。繰り返

※1
よくぶつかる子は，そそっかしいだけのように見えることが多いと思います。しかし形の認知や長さなどの認知のゆがみによってぶつかることも多いのです。

※2
やろうとしただけでもほめるとやる気につながります。また実況中継をすると，そのときの言葉を覚えやすくなります。

038

目の動き・不器用さ	対人関係	情報選択	チャレンジ	身体感覚	切り替え	記憶力

すうちに，2歩，3歩とつなぐことができるようになりました。そのとき，視線は平均台にあることが多かったので，「見てると落ちないよね」と「見る」ことの重要さを伝えていきました。※3

狭い棚に入るとき，「気をつけないとぶつかるよ」と幅を意識することを教えました。何度か頭をぶつけ，そのうちにぶつけないように頭を下げるなどできるようになりました。トンネルも同様です。

パズルでは，やはり形や角度，長さがうまくとらえられずなかなかはめることができませんでした。しかしパズルに向かう姿勢をほめ，なおちゃんの手をもってはめさせたときにも「できたね」となおちゃんがやったかのようにほめました。※4 なおちゃんはパズルの苦手意識がなくなり，徐々に正しくはめられるようになってきました。

平均台や棚，トンネルの成果か，注意をして見るようになってきました。そして，机にぶつかることもなくなりました。

※3 「見るといいよね」など，身につけたいことに対しての効果を言葉にして伝えることで，行動は定着しやすくなります。

※4 「できた感」を与えるとさらにやろうとする気持ちを支えます。

なおちゃん

支援のポイント

ぶつかる等は，そそっかしいだけのように見えて，実は形の認知が関わっている場合があります。そのあたりも成長できるように刺激し，注意をすることも教えながら，基礎力と自信を育てていきたいものです。

目の動きが悪く何かと不器用な子ども

せい君
3歳6か月

3 周囲が行っていることに無頓着な子ども

目の動きをトレーニングしながら広く見る習慣をつけよう！

事例 ▼

　せい君は，多動があり，ものに執着するところがあります。そのせいか，なかなか周囲の人の動きを見ることができません。ですから，集団の行動はできず，人の真似もできません。

　せい君の目の動きを確認してみました。すると，せい君は目の動きが悪く，ほとんど目の前しか目が動いていませんでした。※1 そこからものが離れると，すぐに目の前に目が戻ります（苦手な運動のときの特徴です）。そこで，目の動きのトレーニングをすることにしました。

　また，周囲と同じことをできない理由として，真似が苦手だと考えられます。手遊びをしてみたところ，見るだけで一切真似をしようとはしませんでした。子どもは苦手意識があると，まったくやろうとはしません。※2

　そこで，手遊びを同時に遊びに入れることにしました。せい君は，ほとんど目が動かないので，ほんの少しずつ目が動く範囲で物を動かし，指先でタッチをさせながら追わせました。少しでも視野が広がったり，がんばって目で追っている感じがあったらほめました。そして徐々に視野は広がり，顔は動かすものの，ものを最後まで追う気持ちは育ちました。

　真似は，まずは楽しそうに見せて「やらなきゃ損」と感じさせるように努めました。せい君は見ていることはできていましたから，見ていることは興味あるからとと

※1
目の動きが悪く，広い視野が持てていないときには周囲を見られていないことが多いように思います。目の動きの悪さが原因であるので「ちゃんと見て」という指導は，子どもを傷つけるだけです。

※2
子どもは面白いもので，苦手だと思うものには一切手を出しません。発達の気になる子どもは特に自信がないことには手を出さないようです。

| 目の動き・不器用さ | 対人関係 | 情報選択 | チャレンジ | 身体感覚 | 切り替え | 記憶力 |

らえ，ほめました。

　次に，少しでも動いた感じがあればほめました。そして手を取って，やらせてみてほめました。「できちゃった感」を伝えることに重点を置きました。※3

　せい君は，ほめられて「できちゃった感」を感じると，次の機会には自発的に行うようになりました。

　自発的に行うことをほめ，真似のでき具合よりも，がんばったことを重視してほめました。すると，せい君はどんどんやる気を増し，だんだんと真似が上手になっていきました。

　真似ができるようになってくると，相乗効果でいろいろなところに目が行くようになります。ですから，周囲を見てと言わなくても見られるようになっていたりします。

　ただ，興味がないと見ないところは依然ありますから，興味がない場合の支援は必要です。

※3
見ているだけでも，やる気があるから見ているのだと解釈します。少しだけ動くのも，やってみようというやる気があるからと解釈します。それを「やった」「できちゃった」と感じさせることで，本当にできるようになっていきます。

支援のポイント

　少しずつ，スモールステップで指導し，ほめることが大切です。集団のやっていることを真似ることができないのは，目の動きの問題と真似が苦手というところが関わっています。両方を同時に支援することが，集団を見て従う力を育てると思っています。

目の動きが悪く何かと不器用な子ども

かず君
3歳1か月

4 トランポリンに近づかない子ども

とりあえず乗せてみて、ほめよう！

事例▼

かず君は，まだ言葉が出ていません。ある言葉は，「ぱぱぱぱ」のみです。動きを見ていると，1歳半くらいの子どものようで，やっとジャングルジムの2段目に登れる程度です。

動きや遊具に対する興味も狭く，知らないものに対しては見向きもせず，近づきもしません。トランポリンには特に近づきません。見もしません。

しかし，重力に抗う力がつくと知的能力が向上する傾向があることから，トランポリンに興味を持ってほしいと考えていました。

そこで，トランポリンに乗せることからはじめました。抱っこして，トランポリンに乗せるのです。最初は乗せるだけで揺らしたりはしません。乗ったら「すごいね！乗れたね」とほめます。

かず君は，乗ると不思議そうに見渡し，トランポリンを確認する感じでした。不安そうでした。慣れるために何度も繰り返し，その度に「トランポリンだね，楽しいよ」と声をかけ，安心させるようにしました。※1 少し慣れたと思ったころに，少しだけ揺らしてみました。

すると，びっくりして急に恐怖の顔になり，急いでトランポリンから降りてしまいました。その後は，少しトランポリンと距離を置いています。

しかし，誘うと見ることは見るし，恐怖の色もないの

※1
活動するときには，「安心」がキーワードになります。
特に発達の気になる子どもたちには，安心が不足しています。安心を感じると，次の段階の行動をとることができます。

※2
どうしても安心を感じさせられずに行き詰っているときには，子どもが安心を感じている人と一緒に行うことが効果的です。

042

| 目の動き・不器用さ | 対人関係 | 情報選択 | チャレンジ | 身体感覚 | 切り替え | 記憶力 |

で，乗せることは続けました。乗せられると揺らさない限りは乗っています。

今度は，信頼のおけるお母さんに抱っこしてもらい，跳ねてもらうことにしました。※2 すると，かず君はすごく楽しそうに笑っていました。跳ねたり，揺らされるのはお母さんと一緒がよかったようです。

お母さんと一緒に跳ぶのを繰り返してセッションの3回目（日数としては3週間）には，自分で跳ぶようになっていました。この変化は突然で，特に段階を追っていません。急に自発的に行いました。※3

かず君はおそらく，ずっと自信がなく怖いけど，やりたいという気持ちや憧れがあり，楽しいけれど自分では怖くてできない状態だったのではないかと思います。信頼するお母さんと一緒に行ったことが突破口になったのではないかと思っています。

ココに注目！

※3
子どもは，発達する存在です。ですから，安心とやりたい気持ちを育てることで，急にできるようになることがあります。
拒否したかに見えて，急に行うようになることもあります。

支援のポイント

トランポリンで跳ねるという動作の前には，いくつかの段階があります。事例のように，見る，乗る，揺れに対応する等です。分解するともっと多くの段階があるでしょう。導くときには，その段階を考慮しながら，少しずつ進むことが大切です。そしてポイントは，安心とやりたい気持ちをいかに育てるかです。

目の動きが悪く何かと不器用な子ども

こうちゃん 2歳1か月

5 トンネルを覗くこともしない子ども

トンネルの向こう側を見せて気を引くことから！

事例 ▼

こうちゃんは，ある程度の指示には従え，「こうちゃん，これやって」というものには大概従えます。しかし怖がりで，自分の知っているものややったことのあるものしかやろうとしません。見ることはしますが，一瞬で，自分が無理と思ったものについては一切やろうとしません。トンネルをくぐるのが嫌なことの1つのような感じです。「トンネルくぐろう」と指をさすと，見ますが他のところに行ってしまいます。

そこで，まずはすごく楽しいものを見せる感じで，「トンネル楽しいよ～」と見せました。その構造を見せるために，かず君が好きなものをトンネルに入れて，覗かせてみました。

「ほら，見てみて！　こんなところに入っちゃった」

このような言葉かけをして，見せました。それでも，こうちゃんは一瞬流し目をするものの，覗こうとはしませんでした。それほどに，わからなくて怖いと思っているのでしょう。

そこで，ものをトンネルに入れた後にトンネルを立てて，トンネルを通して物を落としてみました。[※1] すると，こうちゃんは，あれ？という感じで少し興味を抱きました。その後から，トンネルには入りませんが，トンネルを覗くようになりました。それを見て，すかさずほめました。

※1
全貌が見えず，構造もわからないと子どもは怖がり，近づこうとしません。
しかし全貌を見せる工夫をして，そのものがどのようなものかをわからせると，手を出しやすくなります。

目の動き・不器用さ	対人関係	情報選択	チャレンジ	身体感覚	切り替え	記憶力

　その次に，覗いたときにいないいないばぁのように，トンネルの向こう側から支援者が覗いて，手を振るという遊びを行いました。すると，こうちゃんは嬉しそうに，「あれあれ？」と言いながら，繰り返し遊びました。

　しばらくして，トンネルを覗くことに慣れたと思ったころ，トンネルに少しだけでも入ってもらうように促しました。

　<mark>こうちゃんが覗いているときに，おしりをつんつんして，くすぐりながらトンネルに入れてしまいました。</mark>[※2]

　こうちゃんは少しの間，後退しようとしていましたが，支援者が封鎖しているのを感じると前に進んでいきました。

　「すごいじゃん。行けちゃったね！[※3]」

　こうちゃんにそう声をかけて拍手すると，こうちゃんは嬉しそうに繰り返し出ては入りを繰り返しました。

ココに注目！

※2
なかなか手を出さないときには，タイミングを見計らって慣れたころに次の動作を手助けします。
手助けしながらでも「できた感」を経験させることが重要です。その経験が次のレベルの行動を後押しします。

※3
できちゃった感を与えることで，どんどんやれるようになります。

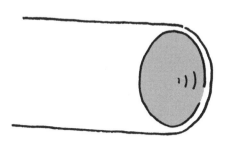

支援のポイント

　見るのも怖いものや，全貌がなかなか見渡せないものについては，全貌や構造を把握しやすいように工夫して見せることが，怖さを軽減し行動を起こしやすくします。

対人関係が苦手な子ども

りゅう君
6歳2か月

6 マイペースで人と合わせられない子ども

遊ぶ中で自然と合わせられるように仕向けよう！

事例 ▼

りゅう君は、とても賢い子です。周りの子どもたちとも、最初は仲よく遊んでいます。しかしそのうちにりゅう君は周りの子どもたちのことなど全く考えずに、自分のやり方を押し通して勝手に遊びだしてしまいます。そして周りの子どもたちはそれに合わせることもできず、りゅう君の周りからは去っていきます。

りゅう君は、自分の遊び方が最も楽しいと思っている節があると感じられました。そこで、「遊びにはいろいろある。周りの子たちが遊んでいる方法も面白いからじっくりと見ていてごらん」と伝えました。

また、一緒に遊ぶ中で勝手に自分の遊びに没頭しようとしたときには、「今、この方法で遊んでいたよね。こっちでまだ遊ぼう」と遊びを継続することと、一緒に遊んでいるうちは相手にも合わせることを楽しみながら教えていきました。

そして、遊びのときに自分の遊びに没頭しそうな場面があったら同じ遊びを続けることを確認し、我慢できたらそのがんばりをほめました。

予告と承認[※1]だけで、かなり我慢できるようになりましたが、たまに負けると嫌だという気持ちとルールを変えたいという気持ちが顔を出していました。

ここで、りゅう君の中の遊びについてのストーリーを変える[※2]必要を感じました。つまり、「相手の遊びも面

※1
どのようにしたらよいのか、好ましい方法を事前に確認し、承認を得ることで、子どもは安心してそれに従うことができるようになります。

| 目の動き・不器用さ | 対人関係 | 情報選択 | チャレンジ | 身体感覚 | 切り替え | 記憶力 |

白いから続けてみよう」「誰しも遊び方を勝手に変えられると気分が悪い」「一緒に同じ方法で遊ぶとそれはそれで楽しい」というとらえ方をりゅう君に与える必要があると考えたのです。

具体的には，りゅう君の次のストーリーを変えようと考えました。

- 「こんな遊びよりもこっちのほうがいい」から「この遊びも，じっくりとやると面白いに違いない。（実際の，方法を変えたくなる場面で）この遊びは，まだこんなに面白い！」へ
- 「つまらないんだから，勝手に方法を変えて面白くしてもよい」から「方法を変えて面白い人もいれば，嫌な人もいる。一緒に遊んでいるときには，みんなの了解が必要だ」「一緒に遊び続けると，なかなか面白い」へ
- どうしても変えたくなったら「～に変えてもいい？」と了解を取り「いいよ」と言われてからにすること

この関わりによって，りゅう君は「方法は勝手には変えられない」し，「変えなくてもなかなか楽しい」と思えるようになったようです。りゅう君は勝手に方法を変えることはなくなりました。そしてどうしても変えたいときには，こちらの様子を見ながら提案できるようになりました。

※2
人はそれぞれのストーリーによって行動を決めています。だから，そのストーリーを変えれば，行動が変わります。実際に遊んでいる場で，経験させ，好ましい行動を思い出させると身につきやすくなります。
好ましい行動の経験を積む感じです。

支援のポイント

予告と承認をして，安心して行動できるように整えることがまずは必要です。そして，現実に近い形での遊びの中でのシュミレーションをし，確認して経験を積ませます。

対人関係が苦手な子ども

あさ君
2歳3か月

7 誘っても，そばにいても，反応がない子ども

まずはそばにいて，子どもの真似をしてみよう！

※1
自閉症スペクトラム症児は特に，世界を怖いと感じています。ですから，自分だけの刺激にしようとしている様子がよく観察されます。

※2
人は，自分の真似をされると，気になるものです。そして，同じ行動をすることで，人は親近感を感じます。

※3
反応してくれると信じて，微細な動きにも敏感に待つことです。

事例 ▼

あさ君は，こちらがわかる言葉を話しません。こちらの目を見ず，自分の手を見てばかりいます。もしくは何か気になるものが目に入ると，一目散にその方向へ走り出します。

あさ君が座って，自分の手を刺激しているときは，おそらく怖くて自分の手しか見たくないときです。※1

ですから，まずはあさ君の隣かもしくは近くに座って，あさ君がしている行動をそのまま真似しました。※2

あさ君が座っているように座り，あさ君がしているように指と指をさすって（自己刺激），じっとあさ君がこちらに気づくのを待ちました。

積極的に，あさ君の反応を待ちました。※3

すると，徐々にあさ君はこちらに気づきだし，反応するようになりました。

その反応とは，ちらっとこちらを見るという反応です。たいてい，反応をしない子が最初に反応するときには，ちらっと見るから始まります。顔を見るというよりは，その行動を確認するという感じです。

少しの反応も見逃さず，「見てくれたね」とほめ，背中にタッチするなど，関わりを持っていきましょう。それを繰り返すうちに，だんだんとこちらが刺激することに反応したり，こちらが真似をしていることに反応し，違う行動に変えてみたりと子どもから遊びを仕掛けてく

| 目の動き・不器用さ | **対人関係** | 情報選択 | チャレンジ | 身体感覚 | 切り替え | 記憶力 |

るようにもなってきます。

あさ君は,こちらの行動に反応するようになってきたので,少しだけ違う行動を仕掛けてみました。あさ君は「あれ?」という感じで見てきました。<mark>それを何度も繰り返すと,あさ君はこちらを気にするようになり,たまにこちらを見るようになりました。</mark>[※4] あさ君がこちらを見たチャンスを活かし,ちょっとだけそのときの行動とは違うものをしたり,そのまま真似したりをランダムに行いました。

すると,あさ君からちょっとだけ違った行動をしてみるようになりました。そのときには,「今,ちょっと違った! こう?」と真似を楽しむ感じで,話しかけました。それからは,何度か仕掛け合いながら徐々に遊びに発展し,やりとりが始まった感覚が生まれました。

ココに注目!

[※4]
子どもは,安心な相手だと認識すると,徐々にこちらを気にするようになります。
安心を与えるには,※1～※3の理解が必要です。

支援のポイント

反応がなく,自己刺激に没頭する子どもは,世界や人が怖いと感じています。その理解のもと,ただ共にいるなど,安心を与えることが必要です。そしてともにありながら,真似をするなど同じ行動をして親近感を与え,遊びに発展させ,子どもとやりとりをできるようにしていきます。

対人関係が苦手な子ども

> 次郎君
> 2歳9か月

8 話しかけても無言で固まってしまう子ども

怖くないことを丁寧に教えてやらせてみよう！

事例 ▼

次郎君は，こちらがわかる言葉を話しません。大概無言で，固まっています。何かを訴えることもなく，ただただ固まって動かなくなるという訴え方しかありませんでした。

こちらが話しかけても，振り向くだけで無言です。指さしもありません。

次郎君に対しては，まずは滑り台から始めました。※1

まずは次郎君と遊ぶため，遊戯室の滑り台の前に連れていきました。そして，駆け上がる動作を見せながら，「たたたた，やろう」と誘いました。次郎君は，じっと見つめたまま動きません。

そこで，非常に楽しそうに，すごいことをしちゃうぞという意気込みを示しながら，「たたたた」と滑り台の坂を思いっきり逆走しました。てっぺんまで来たら，「すごいでしょ，いえーい！」とガキ大将になった気分で言いました。

次郎君は特にすごい興味を示したわけではありませんが，駆け上がる様子をずっと見ていたので，拒否感はないと判断しました。そこで，10センチほど登らせてみようと考えました。

「ちょっと登ってみよ！」そういって手を取り，ちょっとだけ登らせてみました。ゆっくりだけど登れました。登れた瞬間に，「できた！　すごいね！　逆走しちゃっ

※1
滑り台からがもっとも子どもが遊びに入りやすいからです。そして遊びは共感を生みやすく，言葉を育みます。言葉は共感することで育ちます。

| 目の動き・不器用さ | 対人関係 | 情報選択 | チャレンジ | 身体感覚 | 切り替え | 記憶力 |

たじゃん」と大げさにほめ，一緒に喜びました。すると，次郎君は嬉しそうな顔をしました。※2

　次郎君に「さ，次は上まで行っちゃおう！」と誘い，全面的に身体を支えながら若干強引に滑り台を逆走させました。もちろん次郎君が拒否しない程度にです。

　次郎君は，支えられながら登り切りました。その瞬間に，手を叩いて，「すごい！　逆走しちゃった！　上まで来たよ！」そう言ってハイタッチを求めました。すると，さらに嬉しそうに喜び，次からは自ら登ろうとしました。

　「登りたいんだね，手伝って，と言えばいいよ」と声をかけながら，「たたたた」と手をつないで登らせました。それを何回か行った後，なんと次郎君が「たたたた」と言って手をつながれるのを待っていました。それからは，「たたたた」と言っては登り，下り，共に遊びました。私もその度に「手伝ってって言うんだよ」と言い続けました。次の週には「手伝って」と言えるようになりました。

※2
嬉しそうな顔をしたということは，できたということを認めたということであり，次もやってもいいと思っていると考えられます。

支援のポイント

　これは，身体を自由に扱えるという自信が次郎君を変えたのだと考えています。また，言葉はコミュニケーションの道具です。この場合，遊びから共感が育ち，気持ちを共有することで次郎君の言葉が育ったのだと考えています。

対人関係が苦手な子ども

> こう君
> 3歳0か月

9 言葉が少なくあまり言葉を発しない子ども

遊びながら積極的に実況中継しよう！

事例 ▼

こう君は，言葉が少なく自発的に言葉を発しません。そして返答もありません。言われていることの理解も，いまいちなようで反応もあまりよくありません。言葉の理解と，どのように返事をしたらよいかの理解が未発達なのだろうと感じられました。

そこで，言葉を育てるために①遊びの中での感情の言葉を実況中継する※1，②2語文程度で短めに話す※2，③応答の仕方を教える※3，という支援を行いました。

たとえば，滑り台に登り切ったときに，怖そうだったら「高いね，怖いね」と声をかけます。怖いという子どもの気持ちを言葉にし，子どもの感情とそれに対応する言葉を学ばせます。

子どもは不思議なことに，自分の感情と一致した言葉は非常に早く覚えます。どんどん実況中継して，気持ちを翻訳していきましょう。

次に，指示は1語文から2語文を中心にしました。ワーキングメモリの少なさを予測したためです。長いと指示を理解することも，指示を覚えていることもできません。「風船を投げるよ」「ジャングルジムに来て」など，単純な指示で，短い文での指示にしました。すると，指示にも従え，従った後には「できたね」とほめられることによって，言葉を注意深く聞いて行うことが増えました。そのうちに，併せて使用したものの名前を覚えてい

※1
言葉は身体に宿るので，そのときに身体が感じている言葉を浴びせることが必要だと考えています。

※2
ワーキングメモリが少ない幼児や発達の気になる子どもたちには，基本的に2語文までの短い言葉かけが適切です。

※3
やりとりの基本である応答は，行動と合わせて教えると入りやすく身につきやすいものです。

| 目の動き・不器用さ | **対人関係** | 情報選択 | チャレンジ | 身体感覚 | 切り替え | 記憶力 |

きました。

　嬉しい感情が共にあるとき，子どもはすぐに言葉を覚えます。※4

　応答の仕方については，最初はセットになる言葉から教えました。「ありがとう」なら「どういたしまして」，「貸して」なら「どうぞ」などです。これらは，感情に合わせ，そして行動と合わせて教えることが効果的です。つまり，その状況に合わせた指導をするということです。

　これらの支援によって，こう君は感情の言葉はセッションを行うごとに覚え，自発的に発するようになっていきました。そして，要求を伝える言葉も，お辞儀をしながら「ありがとう」と言えるなど行動とセットで教えたことで，行動とともに言えるようになりました。よりスムーズに対人関係を築ける術を身につけたといえます。

ココに注目！

※4
子どもは，嬉しいと思うとその周辺の記憶も強化されるようです。できたらほめると，言葉をよく吸収します。

支援のポイント

　状況に合わせた感情の言葉を浴びせることが，言葉を覚えさせるのに効果的です。そして教えてほめることで，そのときの言葉も覚えやすくなります。

2章 「ちょっと気になる子」が伸びる！効果的な支援の事例

対人関係が苦手な子ども

さと君
3歳6か月

10 人にお願いができない子ども

遊びの中で，頼んでよかったという感覚を与えよう！

事例 ▼

さと君は，自己完結の子です。なんでも1人でやろうとします。そしてできないときには，怒りだします。頼めないからでしょう。また，頼めないために人に借りることができません。貸してほしいときには，力づくで奪うという方法に出ます。どのようにしたら貸してもらえるのかわからないのでしょう。

そこで，さと君の遊びを見ながら，手を借りた方がうまくいくだろうと思われるときに「やって」と言うように教えました。そして，「やって」と言えたら，「よく言えたね」とほめました。※1

その後，やりたいことが頼んだ後にスムーズにいったときには「頼むといいね」「頼むと，できるね」と，頼んだことの効果を理解させるために言葉にしました。※2

さと君は，長い間ずっと1人で何とかする方法を取ってきたので，なかなか自発的に言えるようにはなりませんでした。ですから，2か月間やってほしそうなときに「やって」と言うように促し，言わせてから補助するなどの支援をしてきました。

たまに「や」とだけ促すと「やって」と言えるようになってきたころから，支援者は黙って言うのを待つという支援も始めました。

すると，「や」がなくても，待つだけで「やって」と言えるようになりました。誰も目の前にいないときには，

※1
教えてほめる，です。ほめられると子どもはその行動を繰り返すようになります。

※2
発達の気になる子どもたちは，多くが実証派です。自分でやってみて効果が感じられたを信じるという傾向があります。
ですから，効果を感じさせることが必要です。

| 目の動き・不器用さ | 対人関係 | 情報選択 | チャレンジ | 身体感覚 | 切り替え | 記憶力 |

まだ暴走しますので、次は「やって」と呼びに来れるようにするのが課題です。

呼びに来れるようにするには、最初は観察します。そして遠くで、1人で勝手にしてしまいそうな状況のときに「やって、だよ」と声をかけ、「こっちに来るんだよ」と教えます。※3

繰り返すと、来ることができるようになり、そのうちに来て指をさし、そして「やって」と言えるようになります。

定着のためには、言ってくれたことをほめ、頼んだからよかったことを言葉にするのは先述の通りです。

さと君も頼る方法を教えてから3か月くらいでできるようになりました。根気強く教えることが必要です。

※3
方法を教えるときには、その状況に合わせて教える方が身につきやすいので、その場で教えるようにします。
そのときには段階を追って教えることが必要です。

支援のポイント

頼む方法を具体的に教えるとともに、頼むとよいことを教えることが大切です。そして段階的に進めていきましょう。

対人関係が苦手な子ども

> たい君
> 3歳1か月

11 助けてと言えず，怒る子ども

遊びの中で助けて・教えてといえるようにしていこう！

事例 ▼

たい君は，頼むのも助けてもらうのも教えてもらうのも嫌いです。しかし子どもなので，できないことがあります。

できないことのときには，「やりたくなくなった」とか「飽きちゃった」などと言って逃げます。また，解きたいのにどうしてもわからなくて悔しいと，「このパズルが悪い」と怒り出します。

たい君には，少しだけ難しくたい君が解きたいと思うだろう課題を与え，様子を見ました。そしてたい君が難しさに直面したときに，「教えてって言えばいいよ」と声をかけました。

最初は「教えてなんて言わない」と拒んでいましたが，なかなか解けないけれど解きたい問題のときに「難しいんだから，解けなくて当たり前だよ。そういうときは，教えてって言えばいいんだ。全然恥ずかしくないよ。」[※1]と教えました。

「解けなくて当たり前」で，教えてもらうハードルが下がったのか，たい君は「教えて」と言えました。

解き方を少しだけ教え，あとは自力でできるように仕向け，たい君が解けたというかたちにしました。そして「わからないとき，教えてと言うと，すぐ解けるよね」と教えてと頼めたことでの効果を言葉で表しました。[※2]

その後，たい君は「教えて」と素直に言えるようにな

※1
指導するときには，なるべく子どものプライドを傷つけないことが大切です。
自分が悪いということになると，受け入れにくいからです。

※2
頼んだり，教えてもらったり助けてもらったことが効果があったと感じさせると，助けてもらう行動が定着しやすくなります。

| 目の動き・不器用さ | 対人関係 | 情報選択 | チャレンジ | 身体感覚 | 切り替え | 記憶力 |

りました。

しかし，たまに面倒くさいときや解きたくないときに「教えて」と安直に言うようになったので，次はその塩梅を教えることが課題です。

教えてと言う塩梅については，細かく観察するしかありません。本当にわからないときには，それでOKですし，面倒くさいだけと判断されるときには，「もうちょっと粘ってみよう」という支援が適切です。

ここは，細かく敏感に子どもの気持ちを察知しなければならないところです。子どもが苦痛にならない程度のところで，解かせることが重要です。それは，苦痛を強いられた経験が強すぎると拒否を引き起こす※3可能性があるからです。

※3
続けることや，苦痛に耐えながらも課題に立ち向かうことが美徳とするのは間違いです。「やめたい」と伝えることは自分を守るために必要です。

支援のポイント

子どものプライドを傷つけないように，「できなくて当然，難しいから」と伝えることが大切です。そして，そのうえで，助けてもらうことの効果を教えていきます。

パニックを起こす子ども

こう君
4歳6か月

12 耐えなくてはならない場面でおでこを叩く子ども

「やめて」と言えるように教えよう！

事例▼

　こう君は，課題に取り掛かるときにはやる気満々で，「やる！」と元気に答えます。しかししばらくしてみて，難しいと感じると，おでこを叩きはじめます。

　それはおそらく，やるのも嫌，やめるのも嫌というジレンマの中で戦っているからだと思います。がんばろうと思うがゆえに，どうしたら逃れられるのか，逃れてもいいものなのかわからずに苦しんでいるのです。[※1]

　そこで，こう君には，難しいと思ったときには「教えて」ということを教えるとともに，やめたいと思って当然なこと，やめたいときにはやめてもいいこと，やめたいときには「やめて」と言えばいいことを伝えました。

　実際の課題を行う前に，予告として「わからなかったら『教えて』だよ」「やめたいときは『やめて』と言えばやめられます」と伝えました。そして，行っているときに難しく解けなくて苦悩している感があったときにはすぐに「教えてだね」と，そして「教えてもらってもできないときには，やめてだよ」と伝えました。

　そもそも，やめるのも嫌なので，こちらが敏感にやめたい空気を感じ取ってやめたいと感じられたときにはすぐに手を取り，「やめて」とポーズを取らせてこちらで言いました。そのあとはすぐにその課題は終了しました。

　やめるのが嫌なので，「やる！」と粘ることも多々ありました。しかし続けることで苦痛を感じる方が，精神

※1
発達の気になる子どもたちは，往々にして切り替えが苦手です。
つまり，続けることが苦痛でも，やめるのも嫌なのです。
それが二次障害を生み出す原因となったりしています。
自傷行為は，苦しいからこそ表出される，助けてというメッセージです。

| 目の動き・不器用さ | 対人関係 | 情報選択 | チャレンジ | 身体感覚 | 切り替え | 記憶力 |

疾患などのリスクは高いことと，将来的には苦痛を避ける方法を学ばなければならないことから，「やめて」と言うスキルをつけることを最優先しました。

ですから，どれだけ駄々をこねてやると言っても，「苦しいならやめてもいいんだよ」と伝え，やめるポーズをさせて「よく言えました」とほめ，課題は終了しました。[※2]

この支援によって，こう君は徐々に「やめて」と言えるようになりました。

難しいなと思うと，「教えて」と言えるようにも，教えてもらってもできないときには「やめてもいい？」と聞けるようにもなりました。

ココに注目！

※2
発達の気になる子どもたちは，自信がなく，耐える力があまりないように感じられます。だから，あまり厳しくして耐えさせ過ぎると，かたくなに拒否することになります。

支援のポイント

支援とは，子どもが成人して独り立ちする頃に役立つものであるべきです。苦痛に耐えて耐えて，精神的に追い詰められて精神疾患を患ってしまっては意味がありません。そうではなく，健やかに自分を保つためのスキルを学ばせることが将来的には役に立ちます。

パニックを起こす子ども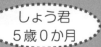

13 挨拶ができない子ども

会ったらすぐに挨拶をする習慣を身につけさせよう！

事例 ▼

しょう君は、人に会っても挨拶をする等とは微塵にも思っていないように見えます。こちらが立って待っていても目に入らないようで、すぐに「今日は何するの〜？」と言って席につきます。

そこで、「挨拶は？」と確認すれば座ったままかその格好のままで会釈を軽くする感じです。

挨拶は、人間関係の基本ですから、会ったらすぐに挨拶という習慣を身につけさせたいと思いました。

そこで、教室のドアを開けて支援者と会ったときにすぐ挨拶をするという支援を始めました。

ここで、挨拶というのは会ったらすぐに向き合う、止まる、相手と合わせて会釈するという行動に分解できます。

これらについて段階を追って、スモールステップ※1で進める必要があります。

まずは向き合うから支援しました。教室に入ってきたらすぐに「会ったらすぐに挨拶します」と声をかけます。こちらに気を取られたときには大概向き合っているので、「そう、（こちらの胸のあたりを指して）ここを見るよね。これが向き合うだよ。できてるね」と具体的に見る場所を教えてほめます。※2

そして次の止まって会釈を教えていきます。

「止まって、『こんにちは』です」と見本を見せて、と

※1
1つの動作を教えるときには、その動作はビデオカメラの1コマのように分解できます。子どもにとっては、細かいところでつまずいていることも多いので、分解して教える必要があります。

※2
具体的に示すことで、どこをどのタイミングで行うかがわかりやすくなります。

| 目の動き・不器用さ | 対人関係 | 情報選択 | チャレンジ | 身体感覚 | 切り替え | 記憶力 |

きには手助けして挨拶をさせます。

させたとしても，挨拶ができたとしてほめます。これを繰り返します。すると，ある程度できるようになっていきました。

その後は，細かいところの詰めに入ります。

会釈のタイミング，声の出し方，声のタイミング等です。それは何度かに分けて，教えてほめるを繰り返すしかありません。挨拶のやり直しは，2回までがよいと思っています。なぜならば挨拶で予定が止まるのは子どもにとっては非常に苦痛だからです。[※3]

ですから，何度かに分けて1日1個の指摘で確認しながら挨拶を仕上げていきました。

しょう君は，確認されると「は〜」と言いながらも好ましい挨拶を思いだし実行していました。そのときには「やりたくないし，面倒くさいよね。でもやってくれたね。気持ちいいな〜」とほめました。

そのうちに，しょう君も挨拶を向き合って止まって相手に合わせるのが習慣となり，ため息もなくなりました。

※3
挨拶のやり直し，何かのやり直しは，子どもにとっては予定変更と同じです。
予定変更は切り替えの難しい子どもには非常に苦痛なので，あまりやるとやる気をそぎ，非効果的になります。

支援のポイント

行動を分解し，スモールステップで教えます。そして何回かに分け，教えてほめるのがポイントです。

パニックを起こす子ども

こう君
5歳6か月

14 唾を吐く子ども

唾を吐いたところの後処理をさせよう！

事例 ▼

こう君は，こちらがわかる言葉を話しません。しかし言われたことはわかっている感じで，指示が嫌だと嫌そうな顔をしますし，楽しいことについては喜びます。

そんな中，うまく言葉を発せられないせいか，こう君は気に入らないことがあったり，やめたいことがあると唾を吐くようになりました。観察していると，明らかに不満があるときに，唾を吐いていました。[※1]

こう君の唾を吐くことが，不満の表出方法である以上，こう君を叱っても効果はありません。唾を吐く以外の，不満の表出方法を学ばせるしかありません。唾を吐くことがなくなっても，表出方法を学ばなければ他の問題行動を生み出すだけです。[※2]

そこで，「人は面倒くさいことがくっついている行動は避けるようになる」という特徴を使った支援をすることにしました。つまり，唾を吐くとその後に面倒くさいことをしなくてはならないというものです。具体的には，唾を吐くとその後にぞうきんできれいに床を拭かされるという支援をしました。

この支援は，特に罰というわけではなく，汚したらきれいにするという習慣でもあるのでお勧めです。いろいろなところに波及していけるでしょう。

この支援で，唾を吐くことは抑えられていきました。

※1
支援は，子どもの気持ちに沿っていなければ成功しませんから，子どもをよく観察して子どもの気持ちを把握することが最優先です。

※2
問題行動を消すことを先に考えがちですが，実は問題行動を起こす意味をとらえることが大切です。
問題行動に変わる好ましい方法を教える必要があるからです。

| 目の動き・不器用さ | 対人関係 | 情報選択 | チャレンジ | 身体感覚 | 切り替え | 記憶力 |

　同時に，唾を吐く以外の方法を教えるという支援も行いました。それは，「嫌なときには『やめて』と言うかポーズをする」と教えることです。嫌そうなときには，「やめて」と手を前に出すとか頭を振ることを教えました。

　これはなかなか難しかったらしく，こう君の場合は2か月たっても身につかず，「ん〜」と嫌そうな声を出すのみです。

　しかし，<u>この「ん〜」が嫌な気持ちの表出方法なので，今はこれを言ってくれたこととしてほめ</u>[※3]，さらに「やめてだね」とそのうちに自然と身につくことを狙って繰り返しています。

　今では，「やめてだね」と言うと，なにやら手を前に出す感じの動作をするようにはなってきています。

※3
子どもが，気持ちを現してよかったと思わせられるように支援することが，子どもの言葉や感情表出を発達させます。

これ片づけてくれる？

支援のポイント

　問題行動は，後処理を自分でさせる当たり前の支援を徹底することで減っていきます。また，問題行動をなくすためには，その意味と，それを表出する好ましい方法を教える必要があります。

パニックを起こす子ども

とも君
3歳7か月

15 噛みつきのある子ども

噛むのは痛いからいやと伝え，好ましい方法を教えよう！

事例 ▼

とも君は，幼稚園でお友達を噛みつきにいくとして問題児扱いされています。とも君に近づくと，園児がけがをすると言って，別室に置かれるほどです。

教室で，観察していると，とも君が噛みつくのは
・遊んでほしいのに，遊んでくれないとき
・欲しいものが手に入らないとき
のように感じました。

そこで，支援※1 としては，
・「遊ぼう」の表し方を教える
・遊べないときもあると教える，同時に遊べないときの気の収め方を教える
・「貸して」の表し方を教える
・貸してもらえないときもあると教える
・貸してもらえないときの気持ちの収め方を教える
です。これらを，セッションで遊ぶ中で教えることにしました。遊びの中では，これらのことは日常茶飯事に起こりますから。

まずは，遊ぼうの表し方では，具体的に動作と言葉を絵カードで学ばせ，シミュレーションもさせました※2。遊べないときもあることも教え，またそのときには深呼吸をするように教えました。同様に，貸しての動作と，貸してもらえないときの対処法も教えました。だいたい練習ではできるようになりました。

※1
問題行動があるとき，その意味をとらえるとともに，好ましい方法を教えることが必要です。
そして，好ましい方法をしても達成されなかったときの不満の表出方法を含める対処法を一緒に教えることが大切です。

※2
教えるときにはいろいろな媒体を使い，子どもにわかりやすく具体的に教え，シミュレーションさせることが大切です。

| 目の動き・不器用さ | 対人関係 | 情報選択 | チャレンジ | 身体感覚 | 切り替え | 記憶力 |

　遊びの場で,やはり今までの癖で噛みつこうとしました。そのとき,「噛むのは痛いからやめて」「遊ぼうだね」と手を取って言わせました。そしてほめ,楽しく遊びました。しばらくは遊べない状況は作らず,すぐに応対しました。

　しばらくして,遊ぼうが板についてきたら,次は「お母さんと話しているから今は遊べない」という状況を作り,その気持ちの収め方の具体を,手を取り学ばせました。最初は噛もうとがんばったりすることはありましたが,「噛まないで深呼吸して我慢ってカッコいいね」と繰り返し教えることで,噛みつきがなくなっていきました。

　「貸して」についても,同じように進めていきました。その結果,深呼吸をして我慢することを覚え,噛みついて表すことはなくなりました。

　たまに,遊びで噛みつこうとするときがあります。そのときには,「痛いからいやだ」と伝え※3,やめさせ,やめたら「ありがとう」とほめ「ねえねえ,と言えばいいね」と教えました。遊びの噛みつきもなくなりました。

※3
子どもに,された行動がいやなときには「イヤ」と伝えることがよいと思っています。子どもはその関わりによって,人の感情の動きを知ります。

支援のポイント

　具体的に教えることと,シミュレーション,そして現場でその気持ちに合った支援を行うことが大切です。

パニックを起こす子ども

みおちゃん
4歳3か月

16 気に入らないと叩く子ども

要求が通らないときの我慢を教えよう！

事例 ▼

みおちゃんは，言葉がうまく話せません。だからか，言葉よりも手が先に出ます。欲しいものがあって奪った後には，「やった～」と言えば何とかなると思うところもあるようで，奪った後にガッツポーズをして「やった～」と言って触らせないようにします。

欲しいものがあって奪えないときや，やらせてもらえないときには，相手を叩くという方法で要求をします。自分がやるつもりだったことについて怒るという感じで，相手が知らずに先にやってしまうと，妨害された[※1]として攻撃します。

この場合，

- 叩くと痛いから相手はいやなこと
- 叩いても得られないこと[※2]
- 叩くのではなくて，「頂戴」や「貸して」で要求するように教えること
- 要求が通らないこともあること
- 要求が通らないときには，深呼吸など落ち着く方法を教えること

が必要だと考えました。

その気持ちが起こったときに教えた方が効果的なので，セッションの中で奪いそうになったときに教えることにしました。

あるとき，本を見たくて本を取り上げようとみおちゃ

※1
発達の気になる子どもたちは，往々にして自己流の予定を持っています。
予定通りに行かないと，妨害されたと感じ，攻撃してしまいます。邪魔をされたと認知してしまうのです。ここに歪んだ認知があります。

※2
子どもたちは，叩いたり暴力をふるったり，叫ぶことで要求が通ると思っていることがあります。

| 目の動き・不器用さ | 対人関係 | 情報選択 | チャレンジ | 身体感覚 | 切り替え | 記憶力 |

んは手を出しました。

　そのときに,「やめてください。今は他の人が使っています。待ちます」と教えました。しかしみおちゃんはどうしても欲しかったようで,無理やり取って,「やった～」と言いました。そこで,「使っていました。返します」とじっと待つと,しぶしぶ返しましたが,次の瞬間に叩く行動が始まりました。

　「痛いから,やめて。叩いても渡しません。叩いてもいいことはありません」とみおちゃんの手を止めて待ちました[※3]。みおちゃんは叩くのをやめたので,「よくできました。ありがとう。待ちます。深呼吸ね」と導きました。

※3 教えたら,待って理解していることを確認することが大事です。

　こうした支援を何度か繰り返すと,みおちゃんは諦めたのか叩いて奪うことや,叩いて思い通りにしようとすることはなくなりました。叩くと相手は嫌がったり,周囲に怒られたりするので,叩かないで要求する方法がわかったことはみおちゃんにとってもよい結果をもたらしたのだと思います。

ほしい～！

支援のポイント

　言葉があまり出ていないうちは特に,身体を介してルールを学ぶのがお勧めです。手助けして,身につけさせる感じです。そして待ち,できたときにほめて強化することも大切です。

パニックを起こす子ども

こう君
3歳9か月

17 脱走する子ども

嫌な気持ちを表現できるように教えよう！

事例▼

　こう君は，部屋からすごいスピードで走って出ていこうとします。その速さたるや，隣にいても止められないくらいです。そして，脱走の手段はドアとは限らず，窓からも出ていこうとします。鍵の開け方もまた素早く，止めることができないのです。

　こう君は，「いや」というのも表情でもうまく表現できない子でした。いつも無表情で，何がきっかけで行動が起こったのか，なかなかつかめませんでした。同様に，なぜ脱走するのか，何がきっかけだったのかわかりませんでした。

　しかし，楽しそうなときには笑っていることがあるので，無表情でも，おそらく嫌だから脱走するのだろうと予測[※1]はできました。

　したがって，
- 嫌なときは嫌と表出できるように教えること（仕草と言葉と合わせて）を徹底する
- 嫌と言う仕草をしたらすぐにやめる
- 嫌と言う仕草ができたら「ありがとう」と言う

支援をしました。

　すると2か月後，しん君はこちらの思惑通りではありませんが，嫌と言う気持ちを「わーわー」というかたちで表出するようになりました。「わーわー」と言った後には，「嫌なのね。よくわかったよ，教えてくれてあり

※1
どんな気持ちなのかわからないときには，推し量ることが大切です。そして，いろいろな視点から考え，子どもの気持ちに沿った支援をすることが大切です。

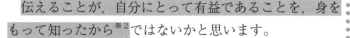

がとう」と伝えてすぐにその課題をやめました。

そうすると、こう君は座っていられて、次の課題を待っています。

またその1か月後には、脱走はなくなり、嫌と言う仕草に頭を振る仕草が加わりました。よりわかりやすくなりました。

<u>伝えることが、自分にとって有益であることを、身をもって知ったから</u>※2ではないかと思います。

人には、行動した結果が自分にとってよいものであればその行動は繰り返し、自分にとって都合の悪いものであればその行動をやめるという性質があります。

※2
子どもはやってよかったと思うことを導入します。

支援のポイント

脱走する理由には、実はいろいろあります。嫌だった場合、気になるものがあった場合、とにかく解放されたかった場合等です。これらのことをすべて把握するのは無理です。ですから、子どもの置かれた状況をよく感じ取り、子どもの気持ちになって推し量ることが支援には大切です。

パニックを起こす子ども

りゅう君
4歳1か月

18 床でゴロゴロする子ども

分かりやすい指示を出そう！

事例▼

りゅう君は，幼稚園の工作の時間になると後ろのスペースにふらっと行き，その床にゴロンと横になります。そしてわれ関せずで，ゴロゴロとしています。

先生が連れ戻そうとしても，無視してゴロゴロとしています。先生も諦めて，そのままにしています。

りゅう君はおそらく，工作の時間に何をしたらいいのかわからないのでしょう。発達の気になる子どもたちには想像が苦手な子がいます。その場合，自由に作るとか想像して作るという活動がとても苦手です※1。できないので，避けたいと思っていることでしょう。

そして，苦手な活動や避けたい活動については非常に敏感で，行うと感じ取った瞬間に逃げていきます。

さて，この場合には，わかりやすく指導することにしました。わかりやすくとは，具体的に教えるという意味です。想像できないのですから，想像するのではなくて見本を見せるとか，具体的に作るものを与えるなどの指導です。

たとえば，「芋を描きましょう」というのではなく，芋をイメージできないときには「芋の形を与える」のです。「このように描きなさい」と。描き方もわからない子どももいるでしょう。そのときには描き方も順を追って教えます。

すると，想像力が育たないと批判されそうですが，実

※1
想像する，創造するということが非常に苦手な子がいます。
その気持ちに気づいた支援が必要です。
できないならば，できるように教えればいいのです。

| 目の動き・不器用さ | 対人関係 | 情報選択 | チャレンジ | 身体感覚 | 切り替え | 記憶力 |

はそんなことはありません。子どもは発達する存在※2で，やり方がわかり楽しいとどんどん応用して発展させていきます。私はその様子を幾度となく見てきました。

まずは具体的に教えることが絵や創造においても必要なのです。経験値を上げることが大切と言い換えられるかもしれません。

りゅう君には，作る順番も視覚支援をしてわかりやすくしました。そして，描くものや作るものについては考えつかなそうだったら，先生から具体的に与えました。

りゅう君は具体的にやり方を提示されるようになってから，最初からゴロゴロすることはなくなりました。ただ，りゅう君は耐えられなくなったらゴロゴロします。今後は続けるコツを教える必要があります。

ココに注目！

※2
自分で生み出してこそ，という理想論よりも，やり方などの経験を積むことが先決です。

支援のポイント

具体的に教えることで，子どもにわかりやすくなり，子どもは取り組みやすくなります。その結果，問題行動は減っていきます。

優先順位が立てられない子ども

とも君
3歳2か月

19 他のことに目がいく子ども

「いま，ここ」に注目させよう！

ココに注目！

※1
発達の気になる子どもたちの感覚の1つに，いろいろなものが自分に自己紹介してくるというものがあります。それが見るもの見るもののすべてから伝わってくるようで，目もうるさい，耳もうるさいといいます。
他のものが気になってしまうのは，わざとではないのです。

事例 ▼

とも君は向き合って1対1で遊んでいるときにも，今遊んでいるものから目がそれて，他のものを見てしまいます。そのときには話も聞いていません。完全に他のものに目も心も奪われています。

これは，他のものが話しかけてくるという感覚[※1]なのだろうと思います。たとえば，幅の狭い場所ならば「ここは狭く，このくらいの幅だ」というのを私たちは感じ取っています。しかし私たちは，物からの情報を感じ取ってはいますが，激しくはありません。

情報を激しく感じ取っていれば当然，気になって仕方がありません。そして，いろいろなところに目が行くことになりますし，それだけではなく気もそちらに行くことでしょう。

こういうときに有効なのが，「気づかせる」「思い出させる」「今行っているものを大切にして，話しかけてくるものを少しの間無視する」スキルを身につけさせるスキルです。

決して，「聞きなさい！」と叱ることではありません。わざとではないことを理解している必要があります。

具体的には，3つ方法があります。

・課題を行うときには，他のものが目に入らないようにパーテーション等をする
・課題を行っているときに目がそれたら「今はこれ」と

| 目の動き・不器用さ | 対人関係 | **情報選択** | チャレンジ | 身体感覚 | 切り替え | 記憶力 |

気づかせる
- 課題を行っているときに目がそれたら「今は，あっちは無視」と無視する意識を教える

という支援です。

この支援により，とも君は課題に取り組む度5分ごとに「今，これ」と指摘される日々でした。1か月もすると課題に向かえる時間が伸びてきて，「今，これ」と自分で言って集中して課題をこなすほどになりました。課題が明確なときには目をそらすことはありません。

しかし，<u>暇になると他のものに目を奪われて</u>[※2]指摘されます。

発達の気になる子どもは，「何をしたらよいのかわからない」状況が非常に苦手です。わからなくて不安なのです。それもあって，暇になってやることがないときには，他に目が行きやすいのだと思います。

ですから，ある程度暇なときの動きは容赦したほうがよいとも思います。

※2
一生懸命に情報を無視するなどしていても，暇になると厳しいようです。
暇なときに対する配慮も必要です。

支援のポイント

他のものに目を奪われるのはわざとではない，そしてやる気がないわけではないことを十分に理解する必要があります。そのうえで，ものから話しかけられても無視して今，目の前の課題に取り組むという姿勢を習慣づけることが必要です。

2章 「ちょっと気になる子」が伸びる！効果的な支援の事例

優先順位が立てられない子ども

こう君
4歳1か月

20 すぐにどこかに行ってしまう子ども

「待つ」のポーズを教えよう！

事例▼

こう君は，何かが目に入るとすぐに走り出し，どこかに行ってしまいます。そのスピードたるやものすごく速く，お母さんにも先生にも止められません。そのせいで車道に飛び出し，車に轢かれそうになってしまうこともあります。

こう君は，おそらく「止まる」「待つ」ということがわかっていないのだろうと思われます。そこで，次の支援をしました。

・絵カードで「待つ」をポーズとともに教える
・絵カードで，「止まらないと車に轢かれるから，止まる」をポーズとともに教える
・セッションの中で，待つ必要のあるときには「待つ」と指摘して待つポーズをさせる。具体的には，待つについては，待っている絵を見せて，「待つ」と声をかけながら両手を組ませて止まるポーズを教える。

車がくるから止まるについては，車道近くで走ると車に轢かれる絵カードを見せます。「止まらないと車にはねられる」という因果関係を明らかに示して，知識の定着を図りました。

人は1か月ほど繰り返されたものについては，腑に落ちていくものです[※1]。そして，体験しないと因果関係をつかみにくいところがありますから，体験すると大変なことの場合には，絵カードで繰り返し因果関係を教え

※1
心理学で明らかになっていることですが，人は1か月繰り返し言われると，それを真実と思うものなのです。行動も，1か月程度正しいと教えられれば，そういうものだと習慣づきます。

| 目の動き・不器用さ | 対人関係 | **情報選択** | チャレンジ | 身体感覚 | 切り替え | 記憶力 |

る必要があります。「〜すると」→「〜になる」というように明確に示すのです。

そしてセッション中，待つ必要のあるときには「待つ」と声をかけました[※2]。たとえば交代でゲームをしているときに手を出しそうになったとき，トランポリンで順番を決めて跳んでいる場面で人を抜かしそうになったときに「待つだったよね！」と声をかけて一緒に待つポーズをするなどです。

また自宅でも，待つ必要のあるときには，「待つ」と言って待つポーズを一緒に行ってもらいました。

これらの支援によって，こう君は「待つよ」と言うと待つポーズを自然にできるようになりました。最初の頃は，手だけ待つポーズでしたが，そのときに「待つできたね。足も止めるよ」と指摘し続けた結果，1か月くらいで足も止められるようになりました。

※2
実践して行動を定着させることが重要です。絵カードとシュミレーションである程度はわかっていますが，実践でより微細なタイミングや感覚を培うことができます。

すぐにどこかに行ってしまって止められない子は，「待つ」という動作がわかっていない場合があります。ですから，まずは「待つ」ことをポーズとともに教えることが必要です。

優先順位が立てられない子ども

とう君
4歳3か月

21 切り替えられない子ども

課題を使って切り替えを学ぼう！

事例 ▼

とう君は，課題をはじめる，遊びをはじめるときにも「いやいや」とやろうとしません。また，ようやく課題に取り組めるようになったと思ったら，今度はやめることができません。やめるときにも，「いやいや」とやめようとしません。泣いて叫んで，続けようとします。

とう君は，はじめるときにはできるかどうか不安だったり，その課題や遊び自体がどのようなものかわからなくて不安なのでしょう。終わるときには，どのように自分の気持ちをコントロールしたらいいのか，整理したらいいのかわからないのだと思います。

そこで，次の支援をしました。

- 課題や遊びの見通しを与える※1
- 見通しを見せながら予告と承認を行う
- 見通しを見せながら実施する
- 課題や遊びが終わったら終わった課題や遊びは消す※2
- スタンプを押す
- 切り替えられないときには，落ち着くまで待つ
- しばらく待ってもできないときには，さっさと次の課題を行い，来るのを待つ※3
- 切り替えできて参加できたらほめる

とう君は，最初は切り替えがうまくいかなくて寝そべったり，泣き叫ぶなどしていました。しかし，しばらく待つと「やる」と言って泣きながら参加するようにもな

※1
今から始めるものの全体像が見えたり，行う順番がわかると安心します。
安心した上で，行うことが切り替え支援には必要です。

※2
終わったものを外すことで，今やっていることが一目瞭然にわかります。
ワーキングメモリが少ないことからも，見ただけでわかる支援が必要です。

| 目の動き・不器用さ | 対人関係 | **情報選択** | チャレンジ | 身体感覚 | 切り替え | 記憶力 |

りました。また次の課題をこちらがはじめると、置いていかれると感じるのか2、3分すると気を取り直して「やる」と言って参加するようにもなりました。

　この支援を続けた結果、とう君は「次の課題にするよ」と言えば嫌な顔をしながらも、「はい」と言って従えるようになりました。

　どうしても嫌な課題や、どうしても楽しくてやめられないときもあるようですが、「え〜」と言って多少「やだやだ」とは言いますが、深呼吸しながらやめられるようになりました。

　この支援での基本姿勢は、「できると信じて待つ」です。とう君についても、「切り替えられると信じて、待ってるよ」と言うまなざしを向け、穏やかに待ち、参加を渋っていると楽しいことがさっさとはじまってしまうということを教えていきました。

　子どもは誰しも、やる気はあるのです。それがうまくいかないだけです。

※3
上級テクニックではありますが、置いていかれるのは不安と言う意識を利用した切り替え策です。
ずっとぐずっていると、あちらはあちらで進んでしまうという経験を積ませ、切り替える方がいいという経験にします。

支援のポイント

　切り替えができないのは、新しいものについて不安なことが大きく関わっています。それを踏まえ、安心できる支援が必要です。安心できたり、楽しいからやめられないのは、どのように自分で気持ちの整理や調整をしたらいいかわからないからです。切り替える方法を教える必要があります。

優先順位が立てられない子ども

たく君
4歳1か月

22 順序にこだわる子ども

変化を含めた見通しを与え安心させよう！

事例 ▼

　たく君は，自分が決めた順番にこだわったり，見通しを与えたとしたらその見通しにこだわります。つまり，その通りに動かないと気が済まないのです。ひどいときにはパニックを起こします。

　こだわるのは，その先がどうなるかわからないことへの不安から来ています。[※1] ですから，自分の思い通りか，決まった通りに動いてほしいと思っているのです。まずはその気持ちを理解した上で支援をします。

　支援としては，

・まずは思い通りにしたい気持ちを認め，言葉で返す

　たとえば，

　　「自分の中ではその予定があったんだね。できなくて悔しいんだね。予定通りがよかったよね」

　　「予定通りにならなかったのが嫌だったんだね。予定通りがよかったね」等

・現実社会のあり方を伝える

　たとえば，

　　「たく君の予定，誰にもわからないかもしれない。だからその通りにならないこともあるよね」

　　「見通しがあっても，ずれることもあるよね」等

・見通しを与えるときには，あらかじめ「予定が変わることがあるかもしれないよ。そのときはごめんね」と予定が変わる可能性を示唆しておく

※1
活動するときには，「安心」がキーワードになります。
特に発達の気になる子どもたちには，安心が不足しています。安心を感じると，次の段階の行動をとることができます。
どうしても安心を感じさせられずに行き詰っているときには，子どもが安心を感じている人と一緒に行うことが効果的です。

| 目の動き・不器用さ | 対人関係 | **情報選択** | チャレンジ | 身体感覚 | 切り替え | 記憶力 |

- 予定変更があったときには，「そういうこともある。仕方ないね。深呼吸しよう」と気持ちの収め方を教える
- なんとか我慢できたときや我慢しようとしているときには，その姿勢や気持ちをほめる

たく君は，はじめのうちは自分の中の予定がよくて泣くこともありましたが，繰り返すうちに自分で深呼吸しながら，我慢できるようになっていきました。

予定を与えられたときにも，たく君から「変わるかもしれないよね」と確認するようになりました。そのあとから，たく君は予定変更に慣れたのか，変更しても全く動じなくなりました。

それは，セッション以外の場所でも同じだとのことです。<u>どこでも，予定変更が起こっても平気になりました。</u>※2

幼稚園，保育園，学校，どの組織でも学芸会や運動会や天候によって予定変更は余儀なくされます。そのときの支援にも使えます。

※2
子どもは，発達する存在です。ですから，安心とやりたい気持ちを育てることで，急にできるようになることがあります。
拒否したかに見えて，急に行うようになることもあります。

支援のポイント

順序にこだわるのは，少しでも安心したいからです。ですから予定変更は，不安な世界に生きている子どもたちにとって非常にストレスフルな出来事です。それを理解したうえで気持ちをコントロールする方法を教えていきましょう。また，最初に「変わるかもしれない」と言うだけで心構えができます。

優先順位が立てられない子ども

けい君
5歳8か月

23 ドッジボールができない子ども

ルールを4コマ漫画にしてわかりやすく提示しよう！

ココに注目！

事例▼

けい君は，言葉もわかり，言葉だけの指示でもある程度はわかります。しかし，ドッジボールはどうしてもやろうとしません。ドッジボールをしている子どもたちの方を見て，やりたそうな顔をして見ているだけです。

ドッジボールというのは，役割交代があったり，場所が変わったり，という複雑なルールがあります。そのために，どうしたらよいのかわからなくて，やろうとしないのではないかと感じました。

発達の気になる子どもたちは，手順などを整理するのが苦手です[※1]。その整理を手伝う支援を行いました。

・手順書を4コマ漫画のように作る

全体像→細かい方法→注意点でまとめました。細かい方法については視点があまりあちこち移るとわかりにくいので，ボールの動きに合わせて説明しました。

配置：コートの形，敵と味方（内野と外野）

戦う：内野が投げる→当てる→嬉しい＆人はそのまま
　　　外野が投げる→当てる→嬉しい＆内野に入る
　　　敵が投げたボールに当たる→悔しい＆外野に出る＆ボールはそのまま
　　　終了の合図のときに内野の人数が多かった方が勝ち

注意：顔に当てちゃダメ

・手順書を事前に見せてからはじめる

※1
手順の1つ1つをきちんととらえられていないことが多い気がしています。
挨拶でも，どこでどのタイミングでお辞儀するか，声を出すか等細かいところをわかっていないためにうまくできないことがあります。ですから，動作や手順を細かく分解して教えることが必要です。

| 目の動き・不器用さ | 対人関係 | **情報選択** | チャレンジ | 身体感覚 | 切り替え | 記憶力 |

- シミュレーションをしてルールの確認をし，大丈夫感を持たせる※2
- 「大丈夫，できるよ」と励まし勧める
- ルールを忘れた感じのときには見せて確認する

　けい君はルールがわからなくて不安だったようで，手順書があることで安心して参加できるようになりました。シミュレーションも2度行っただけで，「大丈夫。もうできるよ」と自分で言いました。

　それからは，ドッジボールにも楽しく参加できています。そして，実はわからなかったときにはお友達に「忘れちゃった，教えて」と言うようにも教えてあったので，より安心して参加できているようです。

　人に聞けるスキルも同時に教えたいですね。

※2
はじめるときには，大丈夫感が大切です。その感を強めるためにも，わからなかったら聞けばいいという経験も必要です。

支援のポイント

　新しいこと，未経験のことを嫌がる場合，大概はどうしたらよいかわからなくて手を出せない状態です。ですから，丁寧な手順書を作って，シミュレーションをして大丈夫感を与えると，参加できるようになります。

優先順位が立てられない子ども

かずちゃん
4歳1か月

24 時間にこだわる子ども

時間の幅を教えよう！

事例 ▼

かずちゃんは，幼稚園のお迎えのときにお母さんが「4時くらいに迎えにくるね」と言うと，4時に迎えにくると決めつけてしまいます。そして4時きっちりに迎えが来ないと非常に怒り，半ばパニックになっています。その様子は，お迎えだけではなく園での活動全般にも及んでいます。

これは，時間の暗黙のルール[※1]に気づいていないのが原因だと思いました。つまり，4時くらいということは，3時45分くらいから4時15分くらいまでの幅があることがわかっていないということです。

時間の約束は，今後も様々なところで関わってきますので，この際いろいろな時間の暗黙のルールを教えようと思いました。

教えた暗黙の時間についてのルールは，
- 「○時くらい」には「前後15分の幅がある」
- 「だいたい○時」には「前後15分の幅がある」
- 「○時にはじまる」には「1，2分の幅がある」
- 「○時に終わる」には「1，2分の幅がある」
- 「○分くらい行う」には「5分の幅がある」
- 待ち合わせは，15分は待つ
- 「長くなることもある」「短くなることもある」

です。これらを，セッションのときに，ちょうどそのタイミングのときに教えていきました。

※1
発達の気になる子どもたちは，世の中の暗黙のルールについて気づきが悪いように思います。
ですから，その暗黙のルールを教えることが必要です。
冗談や諺についても，暗黙の意味に気づけないので，教えることが必要です。

| 目の動き・不器用さ | 対人関係 | **情報選択** | チャレンジ | 身体感覚 | 切り替え | 記憶力 |

ココに注目！

我慢しなくてはならないときには，「しかたない。そういうこともある」と伝え，深呼吸を勧めました。

最初に教えられるときには，「なんで～」と怒っていましたが，その度に「しかたない，しかたない。そういうこともある（ルールについて確認して教える）。深呼吸しよう」となだめました。

セッションでの実践がシミュレーションになった[※2]ようで，実際の場面では我慢できていたようです。4時のお迎えのときに下駄箱でじっと耐えていたといいます。

しかも，我慢するところで，かずちゃんが自ら「しょーがない。そういうこともある」と手をぎゅーと握りながら我慢していたといいます。

社会にはいろいろな暗黙のルールがあります。そのあたりのことを明示し，気持ちを収める方法を教えることが必要です。

※2 実践できる機会を見つけて，シミュレーションを兼ねて練習を重ねることが効果的です。教え，気持ちを収める方法を教え，ほめるの実践です。

支援のポイント

時間のこだわりも，不安感から来ています。そして，時間についての暗黙のルールがわかっていない，幅がわかっていないために約束がずれたと認識してしまいパニックになります。ですから，暗黙のルールがあることに私たちが気づき，それを教えることが必要です。

2章 「ちょっと気になる子」が伸びる！効果的な支援の事例　083

優先順位が立てられない子ども

りく君
3歳8か月

25 予定変更ができない子ども

遊ぶ中で自然と予定変更に慣れさせよう！

事例 ▼

りく君は、最初に与えられた見通しの通りに行かないと、「ん～」と言って怒ります。それでも予定変更が是正されない場合には、泣き出します。それだけ、不安が強いのでしょう。

さて、予定変更をすごく嫌がる子どもは多いものですがそれを和らげるには、2つの方法があります。

・予定を立てる前に「予定は変わることもあるよね」と変わることへの見通しを与えること
・遊びの中で自然と予定は変更されるということを学ぶこと※1、です。

予定が変わるかもしれないという見通しを与えられることで、それが見通しとなり安心を与えます。心構えができ、耐えられます。

遊びの中での予定変更とは、楽しく遊ぶ中で、遊ぶ仲間同士で遊ぶ予定や方法が変わっていくのは皆さん経験されていると思います。その経験によって予定変更はあるものだけど、大丈夫という気持ちを育てます。

当然、予定変更が嫌いな子なので、予定が変更されると遊びの中でも怒るでしょうが、そのときには深呼吸して気持ちを収める訓練です。

また、気持ちを収めた後には、予定変更したけど楽しかった、大丈夫だ、という気持ちを育てるために「やり方変えたけど楽しかったよね」とか「変えてこっちにな

※1
遊びは、予定変更の宝庫です。
遊びはその場の雰囲気でどんどん予定が変わっていきます。
方法すらも変わっていきます。
また、遊びは結果が楽しいために、予定変更も受け入れられやすいものです。
中には遊びの予定変更も怒る場合がありますが、その後の結果が楽しいという経験で、それも和らぎます。

| 目の動き・不器用さ | 対人関係 | **情報選択** | チャレンジ | 身体感覚 | 切り替え | 記憶力 |

って，楽しかったね」と声をかけます。

「変えたけど，楽しかった」という経験の積み重ねで，「変えても大丈夫」になっていきます。

りく君も，最初の「こうして，あれしよう」という見通しに縛られていましたが，予定を伝えるときに「変わるかもしれないけどね」と伝えられることで徐々に我慢できるようになっていきました。

たまには「変わるかもしれない」というと，「やだな〜。変わるの，いやだ」と言うこともありました。そんなときには，<u>「変わるのは嫌だよね」と気持ちを理解し</u>[※2]「でも，そういうものだよ。しかたないよ」と言って慰めました。すると「わかった」と言って我慢していました。

遊びの中で「こっちにしようか」と変更すると，最初は怒ったりしますが，やっていると楽しいので最終的には「楽しいから，いいや」という感じになっていました。これらを繰り返すうちに，自然と「変わるかもしれない」ということが普通にあるということが腑に落ち，予定変更も平気になっていったように思います。

※2
予定変更は，不安で仕方がないことだと思います。
その気持ちに寄り添うことが，支援の基本です。
嫌だけど，我慢できたらすごいと言う感じです。

やっぱり○○ちゃんとつみ木やる。

ん〜！

支援のポイント

変更するかもしれないという予告と，変更しても大丈夫という経験を積むことで，徐々に予定変更しても大丈夫になっていきます。

不安で安心したい子ども

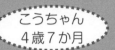
こうちゃん
4歳7か月

26 数字にこだわる子ども

乗ったふりをして，さりげなく忘れさせよう！

事例▼

こうちゃんは，「4」にこだわりがあります。見るものに4が出てくると，嬉しそうに「4」と言い，いったん止まります。そして，「4」が出てこないものでも，わざわざ4を書いては「4」と言って喜びます。

こうちゃんに注意して「やめよう」と言うと，「ん〜！ 4，4，4，4！」と言って，こだわりが強くなります。

こだわりはそのときのブームか，安心できるからこだわっているのかどちらかです。どちらにしろ，他のことで安心できることがわかれば，こだわりは消えていきます。とりわけ不安なときのこだわりは，消すことを考えるよりも安心できる方法や物へ移す支援が適切です。

こうちゃんの場合，ブームとも取れましたし，「4」に安心しているとも思えました。ですから，4にこだわらなくても安心して遊べるということを教える支援をしました。

- 「4」と言いだしたら，「なるほど」と言うのみ[※1]
- 「なるほど」以降の「4」には反応しない
- その後は，遊びや課題をさっさと進める
- 遊びや課題に戻ったら「よしよし。こっちね」とほめる
- これらを繰り返す

この支援によって，こうちゃんは「4」を否定された

※1
こだわりは，不安だからしてしまうものと言う理解をします。
そして，その気持ちを理解し認めます。
反応としては，否定も肯定もし過ぎないことが大切です。

| 目の動き・不器用さ | 対人関係 | **情報選択** | チャレンジ | 身体感覚 | 切り替え | 記憶力 |

わけではないので不機嫌にならずにすみました。そして反応しすぎるわけではないので「4」にこだわることがよいことと言う認識は与えずにすみます。

　否定にしろ，肯定にしろ，反応しすぎるとその反応が報酬となり，こだわりは強化されてしまいます。ですから，反応のし過ぎは逆効果です。

　また，ペアレント・トレーニングで推奨される「無反応」は，言うのをやめるかもしれませんが安心はどこからも得られていないので，他のこだわりを生み出す可能性があります。ですから，こだわらなくても安心してできる状態を作りだす支援の方が効果的だと思っています。※2

　こうちゃんは，しばらく「4」と言っていましたが，そのうちに言わなくなりました。特に他のこだわりも生み出していません。きっと，こだわらなくても大丈夫になったのです。遊び方や課題に自信が持てて，安心できるようになったのでしょう。関係に安心が持てるようになったのかもしれません。

※2
こだわりは不安だから行うものです。
だからこそ，安心できるように環境を整えることが支援になります。

支援のポイント

　こだわりは，安心を得るために行っています。その気持ちを理解することが，支援の始まりです。そして，安心を得るための関わり方や方法を教えることが必要です。その支援で，こだわりが軽減したり，迷惑の掛からないものに変えることができます。

不安で安心したい子ども

たいちゃん
3歳5か月

27 文字にこだわる子ども

すごいと認めながら、共に行っていることに引き戻そう！

事例 ▼

たいちゃんは、気づくと紙に各国の文字を書きだします。こちらは読むことができない文字です。席につくと他のことを行うと指示をしても、まずは書かなくては気がすみません。止めると泣き出します。

書けるということを自慢したくて書くのか、書けることを誇りとしていて書くのか、書くと安心するから書くのか、すべてが当てはまるような感じです。

なぜなら、たいちゃんは知っていることについては自信を持って行いますが、知らないことや苦手なことについては避けたり逃げたりするからです。

たいちゃんへの支援は、まずは「書きたい」「書けることを認めてほしい」気持ちを尊重することを大事にしました。[※1]

- 「なるほど。すごいね。それは何語？　ほうほう」と認める言葉をかける
- その後は、「さて、こっちやろうか」と今行っているものを見るように促す
- 手を止めて見れたら「ありがとう」とほめる
- 見てくれなかったら、見るまで静かに待つ。しばらくしても見てくれないときには、再度「こっち、やろう」と誘って待つ
- 何かのきっかけで文字のこだわりが出たら、「なるほどね」とだけ声をかけて、さっさと今行っていること

※1
できるということが安心である場合が多いように感じます。
まずは安心を与えられれば落ち着き新しい指導も入りますから、文字を書かせてほめることを優先させましょう。

| 目の動き・不器用さ | 対人関係 | **情報選択** | チャレンジ | 身体感覚 | 切り替え | 記憶力 |

を進行する
・今行っていることの方で多くほめるようにする

　たいちゃんは，最初のうちは座ったら必ずどこかの国の文字をひたすら書いていましたが，この支援によってなくなりました。

　途中で出てくるこだわりも，徐々になくなり，2か月もするとそれもなくなりました。

　文字の話よりも，一緒に行う遊びや課題の方が楽しくなったようで※2，そちらに夢中になっています。たまに，どこかの国の文字に似た形が出てくると，「これはね，この文字に似てるよ」とは言いますが，そこから書いたり，中断して困るということはありません。

　今やっていることに注目する癖がついたことや文字のこだわり以外にも認められること・安心できることがあると感じられたことでこだわりを手放せたのだと思っています。

※2
子どものできることを認め，ほめ，その上で新しいものを進めていくと一緒に行うことが楽しくなります。認められることから，やりとりの楽しさを学ぶのでしょう。

字書けるの，すごいでしょ。

　こだわりのように見える，できることをし続けるというものは，安心できるから行っている場合が多いように思います。ですから，新しいことを学ばせたいときには，まずはできるということを認めて安心を与え，そこから学ばせる方法を取った方がよいでしょう。

2章 「ちょっと気になる子」が伸びる！効果的な支援の事例

不安で安心したい子ども

かな君
5歳6か月

28 色にこだわる子ども

色を認めながら，色にこだわらない接し方を！

事例 ▼

　かな君は，緑が大好きです。上から下まで全身緑です。自宅や普段着なら問題ありませんが，制服や体操服の場合に困ります。

　そして何でもかんでも緑がいいと言うので，遊ぶものも課題も緑でなければ受け入れられないことに困ります。

　そこで，最初は緑っぽい物からはじめ，徐々に緑ではないものにも対応してもらうように仕向けることにしました。遊びで選ぶもの→服と言う順番で進めました。[※1]

支援としては
- かな君が選んだものではじめる
- 数回は選んだもので行う
- 活動そのものが楽しいものの中で，少しずつ緑以外の物を提示する
- 受け入れてくれたら進め「ありがとう」とほめる
- 受け入れてもらえなければさっと引く。そして「今度やろうね」と見通しを与えておく
- 次回は「今度やろう」と言ったものについて提示し，行う。大概は大丈夫になっているが，まだ受け入れられない場合にはそのときは見送り，また約束する
- 繰り返すとそのうちに徐々に大丈夫になる。それまで辛抱強く待つ
- 決められた服の場合には，「こういうルールだから」として受け入れてもらう

※1
緑色からおそらく安心を得ているので，いつも身につけているものに対しては，こだわりが強いだろうと判断しました。
服は最終段階として，こだわりが弱そうなものからはじめました。

| 目の動き・不器用さ | 対人関係 | **情報選択** | チャレンジ | 身体感覚 | 切り替え | 記憶力 |

- 「ルールが守れるとカッコいいよね」「かな君はカッコいいから，ルール守れるよね」とレッテルを貼る[※2]
- また「このときだけ我慢したら終わりだから，がんばろう」と励ます。そのときには，時間的な流れも示した絵カードなどで示すとよい（いつまで我慢すればいいかの見通しが立つため）

ココに注目！

[※2]
「できるよね」というレッテルを貼ると，人はレッテルを守ろうとして「できる」ようにがんばるのです。

　かな君は，遊びや課題で選ぶもので緑以外のものを勧めると嫌そうな顔をするものの，大丈夫でした。繰り返すうちに，それにも慣れ平気になったようでした。

　そこで，衣服にも「ルールがあったら，緑じゃないのも着ないとね。時間決まっているし」と，また絵カードで，「体操のときには着替えたときから体操の時間だけ」と図示して教えました。さらに見せた後に「これできるとカッコいいよね」と伝えました。

　すると，園で体操服を着られたといいます。カッコいいと伝えると効果があるなと思いました。そして絵カードで我慢に期限があることを伝えたことも効果があると思っています。

支援のポイント

　こだわりはそこから何かしら安心を得ています。ですからたかが色とせず，こだわりたい気持ちを理解しなくてはなりません。そして，手放しやすいところから徐々に進めることが大切です。

不安で安心したい子ども

ゆい君
5歳6か月

29 勝ちにこだわる子ども

予告ありの勝ち負けのあるゲームで練習しよう！

事例 ▼

　ゆい君は，勝ち負けのあるゲームでは勝たないと気がすみません。負けそうになると怒り狂い泣きます。それだけではなく，特に勝ち負けの設定のない遊びについてもゆい君は自分で勝ち負けを決めて，自分のルールで負けそうになると怒り出し，泣きだします。

　これは，ゆい君がゲームには勝ち負けがあって，勝っても負けても最後までがんばることを理解していないことが考えられます。

　さらには，ゆい君には「ゲームは勝たなくてはならない」というストーリー[※1]があると考えられます。そのストーリーを「ゲームは勝っても負けても面白い」というものに変える必要もあります。

　そして，「自分で勝手にルールを作って勝ち負けを決定するのは，みんなは全くわからない」ことの理解をさせる必要があります。

　ゆい君への支援は，

- ゲームの前に，「勝っても負けても最後までやる」「負けても面白い」「負けたら勝った人をたたえる」「今度は負けないぞと言ってもいい」と予告してから行う
- 勝ち負けがない場合には「勝ち負けはないよ」「競いたいときは，競ってもいいか聞く」「いいよと言ったら競える，ダメといったらできない」「勝手にルールを作っても誰もわかりません」と予告してから行う

※1
人は，何かしら自分の中に行動する基準のようなストーリーがあり，それにしたがって生きようとしています。それがときに，好ましい行動を阻むことがあります。潜んだストーリーを感じ取り，好ましい行動をとりやすいように支援することも大切です。認知療法と少し似ていますね。

| 目の動き・不器用さ | 対人関係 | **情報選択** | チャレンジ | 身体感覚 | 切り替え | 記憶力 |

- 実際の遊びの中で，予告が守られていたり，予告を守ろうとしている姿勢があったらほめる
- 予告が守られていない感じだったら，「あれ？　こうじゃなかったっけ？」という<u>確認をする</u>※2
- 確認後直せたら，ほめる
- 荒れたら，深呼吸を促し，「勝ちたいよね，わかるよ。勝ちたいよね。でも，ルールは大事だね。守れるよね」と慰め，落ち着かせつつ，落ち着く術を身につけさせる

 ゆい君は，最初は今までの癖で勝ちたい気持ちが出て，泣くこともありましたが，深呼吸を促し予告を確認しつづけました。「わかるけど，勝ちたいんだもん」とゆい君は言っていました。その気持ちを受け止めつつ，「勝ちたいね。でも守ろうね」と慰めました。

 そして，負けたとしても楽しさを一緒に感じ，「負けたって，楽しいじゃん！」と伝えていきました。

 徐々にゆい君は，「勝たなくてもいいんだもんね」と言えるようになり，その言葉を守るようになりました。怒りそうになると深呼吸でコントロールをしています。

ココに注目！

※2
好ましい方法が取れなかったときには，責めるのではなく，正しいのはこっちだったかな？というような確認を取ると効果的です。忘れちゃった，間違えちゃっただけという意識で教えると効果的です。

勝たなきゃイヤ!!

支援のポイント

　勝ちたいというストーリーがあるときには，事前と実際の場でストーリーを変更できるような支援が必要です。それと同時に，怒りをコントロールする方法も教えるとよいと思います。

不安で安心したい子ども

とも君
3歳2か月

30 ルールを勝手に変更する子ども

ルールのある遊びの中で，事前と実際の場両方で教えよう！

ココに注目！

※1
一見，勝つためにルール変更をする子どもを見ると，わがままととらえがちです。
しかし，実は子どもはストレスに弱く，自分が有利なかたちでストレスなく遊ばないと辛いのです。
ですから，「遊びはどんな結末でも面白いこと」や「一緒に遊ぶ人は同じルールで遊びたい」ことを教える必要があります。

事例▼

とも君は，遊んでいると勝手に自分に有利なルールに変えて自分が遊びやすい方法にしようとします。[※1] ときに，宣言して勝手に進行し，ときに無言で自分だけがわかっているルールで進めて，突然，勝ち負けがない遊びなのに「勝った！」と喜んでいます。

こちらが「そのルール知らないよ！」と指摘すると，無視して「わーい！」と押し切るか，それができないときには泣きだします。勝手にルールを変えた理由を聞くと，とも君は「だって，負けるもん」と言います。

これは，とも君に耐える力がないことから起こるルール変更です。ルールを変更しなくてはいけないという，こだわりではないことに注目します。

とにかく「自分が有利でなくてはならない」と思っているのです。「負けてはいけない」と思っているとも言えます。その思い＝ストーリーを変更することが，とも君には必要なことと言えます。

ストーリーを変更するには，異なるストーリーの教示とその経験を積み重ねていくことが必要です。

具体的なストーリーは，「遊びは勝つことも負けることもある。でもどちらも楽しい。そして，遊びには勝ち負けがないものもある。どんな結果でも遊びは楽しいもの。一緒に遊んでいるときにやり方が変わると，相手は嫌な気分になる」という感じです。

| 目の動き・不器用さ | 対人関係 | **情報選択** | チャレンジ | 身体感覚 | 切り替え | 記憶力 |

そこで，遊びの中で先述のことを予告し，承認を受け，そのうえでルールのある遊びをするようにしました。

また，勝ち負けはないけれどもとも君が優位に立っていないとき，しかもルールを変えて優位に変えたいと思っているだろう瞬間を狙って「同じルールで行こうね。その方が楽しい。お願いね。悔しいのも楽しいよ。深呼吸して，落ち着こう」と伝えました。※2

とも君は，優位になっていないときにはかなり悔しそうでしたが，深呼吸をして「それ！」と言って遊びにストレスをぶつける感じでした。

それを何度か繰り返すと，「ああ，ルール変えたい！変えたいよ」と言って泣きだしそうなときもありました。そのときには「なるほど。うまくいかない気がするんだね。でも私は変えたくないな」となだめました。そして「変えないけど，楽しいよね！」と楽しさをアピールしました。ルール変更をしなくてもそれなりに楽しめたからか，それ以降は変えたいと言ってぐずることはありませんでした。

※2
実践の中で，その場で即，好ましい方法を，身体を介して教えることが，身につけさせるときには非常に有効です。

支援のポイント

発達の気になる子どもたちは往々にしてストレスに弱いと言われます。どうしても自分が優勢でなければ耐えられないのです。その思いを理解した上で，耐えやすくなるようなストーリーを子どもに与えることが有効です。

新しいものが苦手な子ども

31 風船が怖い子ども

風船が怖くないとわかってもらい，風船で遊ぼう！

事例 ▼

　さと君は，風船を見ただけで後ずさりします。風船が近づくと，苦渋の顔をして「やめて」と言います。あまりやりすぎると，走って逃げていきます。

　トランポリンで跳んでいるときに，風船を投げると両手でガードして苦渋の顔をして，「やめて」と言ってトランポリンを降りて風船から遠ざかります。楽しい中での「さりげなくできちゃった」という方法も効果がありません。

　これは，おそらくさと君は，すごく風船と言うもの自体が怖いのだと感じました。風船が怖いということは，その「風船という物体が何者かわからなくて，どうなるか予測もつかないから怖い[※1]」という怖さだということを強調しておきましょう。

　発達の気になる子どもたちは，そもそも自分が対応できるという自信があまりないので，どうなるかわからない状況に対して非常に恐怖を感じているのです。

　そこで，さと君に対しては，風船というものはこういうものだというところから支援することにしました。

　具体的には，以下の通りです。

・空気の入る前の風船を渡して安全を確認させる[※2]
・風船を入れて風船が変化するのを見させる。空気入れの手動の機械を使い，子ども自身にも空気を入れるのを体験させるとよい

※1
発達の気になる子どもたちは往々にして，経験不足から目の前のものがどのようなもので，どのように作用するのかについて不安に思っています。
その不安というのは，自分がどうなってしまうかわからない，に直結しています。
だから怖くて仕方がないのです。

目の動き・不器用さ | 対人関係 | 情報選択 | **チャレンジ** | 身体感覚 | 切り替え | 記憶力

そして,「大きくなった」と驚かせ触らせ遊ばせる
・大きな風船に慣れてきたら,空気を入れた風船を,口を縛らずに手から放して飛ばす
これを怖がったら,遠くで飛ばして遊ぶ
・風船が飛ぶことに興味が出て近づけるようになってきたら風船の口を閉じ,子どもの近くに投げてみる

　さと君はこの手順で,目の前の風船もキャッチできるようになりました。しかし風船に空気を入れるのを遠くでしかめっ面しながら見ている時期が長かったです。そして,飛んでいく風船では楽しく遠くから見てましたがなかなか積極的に近づくことができませんでした。相当怖かったのだと思います。

　最終的に風船をキャッチできるようにはなりましたが,まだまだおっかなびっくりなので,より「風船は大丈夫」と言う経験を積むことが必要だと思います。

　そのうちに,「風船はしぼむ,爆ぜる」という状況があることも教えなくてはならないでしょう。

※2
どのようなものかを,その成り立ちから見せて教える必要があります。
そして安心を得られるようにするのが必要です。

支援のポイント

　発達の気になる子どもたちの,怖いという感覚は想像もつかないほどに怖いものだと思ってよいと思います。たとえば,内戦の激しい場所に出かけ,目の前に何かが落ちているとき,きっと怖いはずです。「これは何なのか,爆発して自分が死んだりしないか」と考えることでしょう。大げさですが,そのような感覚が子どもにあると思うのです。

新しいものが苦手な子ども

なかちゃん 3歳1か月

32 シャボン玉が怖い子ども

シャボン玉を遠くで眺めて遊ぼう！

事例 ▼

なかちゃんは，保育園にてシャボン玉で遊んでいるとき，得体のしれないものを見るような感じでシャボン玉を見ていました。

そして，シャボン玉から50メートルくらい離れた場所で待機しています。遠く離れているのに，怪訝な顔をしています。

家でもシャボン玉で遊び，慣れてもらおうとしましたが同じように全く近づこうとせずに逃げていく状態でした。

これは，シャボン玉の楽しさがわからないという問題ではないのです。「シャボン玉というもの」がわからないから怖いと思っているのです。つまり，シャボン玉が得体のしれないもの※1と感じているのです。

その理由として，ストローの先から出てきて，丸くなって，きれいだけど弾ける，という変化をするから，その変化が腑に落ちないと言い換えることができるでしょう。

腑に落ちないからと言って物理的な説明が必要なわけではなく，要するに「シャボン玉が上記のような経過をたどるものであり，きれいであり，弾けるものであること，でも害はないもの，安全なもの」ということをわかってもらえばいいということです。

ではどのように教えるかというと，シャボン玉をする

※1
通常，シャボン玉は子どもにとって楽しくて仕方がないものでしょう。
しかし，発達の気になる子どもたちにとっては，その経験不足から「得体のしれないもの」であり「どうなるかわからない怖いもの」である可能性があります。形状が変化していくものは，怖いものです。

| 目の動き・不器用さ | 対人関係 | 情報選択 | **チャレンジ** | 身体感覚 | 切り替え | 記憶力 |

ときには必ず,「経過を見せながら言語化して弾けても安全ということを示し続ける」ことです。

それは遠くからでも同じです。そしてできたら,「シャボン玉ってこんなものか」となんとなくつかんだ様子の後で,触ると弾けるというのも示しておくとよいでしょう。1つの驚きのポイントですから,予告なく起こると受け入れられない場合があります。※2

なかちゃんは,この支援によって,1か月ほどかかりましたが近づいて楽しむことができるようになりました。しかしまだ,積極的に触って弾けさせるという遊びには発展していません。

これは,なかちゃんにとって,シャボン玉はこういうもので,見るのは安心だということはわかったけれども,積極的に触って弾けさせて安全かについては確信が持てていないということでしょう。

今後は,「さりげなく触れて弾けさせちゃって,安全だった」という経験を積ませることが必要でしょう。

※2
心構えのない状態での変化は,人を驚かせます。それは誰でも同じです。
特に発達の気になる子どもたちは,怖がりが多いので心構えを与えることが大切です。驚きすぎると怖いので拒否してしまいます。

支援のポイント

なぜ,楽しいのに近づいてこないんだろう?と思ったら,それはこちらが考えもしないような怖さを感じていると考えてみてください。そして,何がそんなに怖がらせているのかを予想してください。経験不足の怖がりの子どもの視点になることが大切です。

新しいものが苦手な子ども

とも君
4歳6か月

33 犬が怖く，鳴き声すらも怖い子ども

犬が怖いのは諦め，遠くや家の中なら安全と教えよう！

事例 ▼

とも君は，特に犬に噛まれたり，犬に何かをされたという経験はないのですが，犬が苦手です。犬がくると思うと，道を変えるのはもちろんのこと，犬が鳴いているのを聞くと耳を塞いで泣きだすほどです。

犬の鳴き声については，家の中にいても聞こえてくれば「犬がくる～」と怖がって耳を塞いで泣きます。

そこで，3つの方法を取ることにしました。

- 犬の鳴き真似を，遊びの中でたまに入れてみる。嫌がったら，すぐにやめる。しかし鳴き声に慣れさせる，大丈夫だということを印象づけるための支援※1なので，繰り返す。あまり頻繁にしないことがポイント。やりすぎると，単に嫌がらせになってしまう

- たまたま犬が来たときには，「大丈夫。何もしないよ」と教え，避けたいなら避けさせる。しかし徐々に道ギリギリで避けるとしてもすれ違えるようにしていく。そのためには，大丈夫だとしっかり守ってやる必要がある。抱えるようにでもすれ違わせる。そしてすれ違えたらほめ，「できちゃった感」を与える

- 外で犬の鳴き声がしたら，「家の中だから襲ってこないよ，大丈夫」と教え，安全を一緒に確認する。窓から外を見て，「大丈夫」，部屋の中で「大丈夫」と一緒に確認する

とも君は，遊びの中で犬の鳴き声「わんわん」と言う

※1
発達の気になる子どもたちは，言葉が不自由ということもあり，かなり実証的に納得します。
つまり，「自分で感じてみた結果を信じる傾向にある」ということです。
ですから，安全も自分で感じなければダメなのです。

| 目の動き・不器用さ | 対人関係 | 情報選択 | **チャレンジ** | 身体感覚 | 切り替え | 記憶力 |

だけでも，最初は「もうやめて」と泣きそうになって抵抗しました。しかしその度に，「ごめんごめん。でも面白いじゃん，大丈夫だし」と言ってはすぐやめて，また機会があれば「わんわん」と言ったりしました。

そのうちに，「わんわん」という鳴き真似には慣れ[※2]，平気になりました。依然，家の中でも本物の鳴き声は嫌がったので，耳を塞ぐ度に「ここは家の中，だから大丈夫よ」と伝え続け，確認にも一緒に行きました。

すると，徐々に窓の確認も遠くからで大丈夫になり，やがて行かなくても大丈夫になりました。丁寧な安全確認[※2]が必要なのだと感じます。

道ですれ違うのも，鳴き声に慣れていくのと同時に，非常に怖がりながらも，人に隠れながらも大丈夫になりました。多少，逃げていく感じではあります。

ココに注目！

※2
怖いものを克服しようとするときには，「慣れる」ことと「丁寧に安全を確認し，安全だというストーリーを作る」ことが必要です。

支援のポイント

すごく怖いものについては，すべてに慣れさせるという目標をいったん諦めることが必要です。諦めるところは諦め，ほんの少しだけ慣れさせることを目標にした方が，最終的に子どもにとって利益のある結果が得られると思います。この事例で言えば，鳴き声のみに慣れればよしとし，無理させないことで生活には害のない「犬を避ける方法」を手に入れることができました。

新しいものが苦手な子ども

りく君
3歳4か月

34 知らないことを一切断る子ども

全体像・見通しをまず見せて，やらせてほめよう！

事例 ▼

　りく君は言葉が達者です。ひらがなも，鏡文字があるものの，書けます。物語は流れがむちゃくちゃですが自分の物語を書いて見せることができます。

　しかし，自分が知らない手順が含まれているものや，自分が見たことのないものすべてに対して，「やらない」と言って拒否します。「やらない」と言って拒否した後は，そのやりとりがなかったかのように，自分が行いたい遊びをはじめて，こちらを巻き込もうとします。

　一見，わがまま・マイペースで片づけられそうですが，実は知らないものが怖いから拒否している状態なのです。

　ですから，どのようなものかを見せて，わからせてから一緒に行うことが支援になります。

　具体的な支援は，以下の通りです。

・**まずは全体像を見せる。**[※1] 子どもに渡して，子ども自身に大丈夫なことを確認させる
・「これをやります，いいですか」と確認する
・起こりうる驚きのポイントや，戸惑いのポイントを説明しておく。危険性を説明されると心構えもでき安心である
・やめたかったらやめてもいいことを伝える。辛くてやめたいときの対処法も教える。そうすると，今後ストレスをため込まなくてすむ

　りく君は，最初は一緒にやろうとする新しいものを一

※1
発達の気になる子どもたちに多いのは，「木を見て森を見ず」と言う傾向です。
一部しか見ていないので，怖いと感じていますから，全体を自分の目で確認して安全を確認することが効果的です。

| 目の動き・不器用さ | 対人関係 | 情報選択 | **チャレンジ** | 身体感覚 | 切り替え | 記憶力 |

瞥しただけで拒否していました。

そのときには，こちらでさっさと遊び始めて，非常に楽しそうにしているところを見せびらかすようにしました。[※2] すると，りく君は遊びが気になりだし寄ってきました。そこで見るだけの状態を許し，見ながら一緒に楽しみました。そして徐々に誘い，少しずつ参加させていきました。

支援の結果，りく君は，まずは全体像の安全確認は必ずしますが，勧められたものを拒否することはなくなりました。

当然，嫌なものは「それはやめさせて」ということを教え，言えるようになりましたし，やめたいときには「やめて」と言えるようにもなりました。

「やめて」は実は社会生活の中で重要なスキルです。ぜひ身につけさせてあげましょう。

※2
乗ってこないときには，奥の手としてさっさとはじめて，「はじめると楽しいから行かなきゃ損」という状態を作りだすことが有効です。

このゲームやろう！

知らないからイヤ！

支援のポイント

拒否するという深層心理には，「怖い」が潜んでいます。ですから，まずは安心できるように全体像を示し，徐々に慣れさせていくことが必要です。

また，やめられないという恐怖も同時にありますので，やめられることやめたいことを伝えるスキルを教えることも必要です。

2章 「ちょっと気になる子」が伸びる！効果的な支援の事例

新しいものが苦手な子ども

こうちゃん
4歳1か月

35 決まったものでしか遊ばない子ども

今遊んでいるものから発展させて気を引くことから！

事例 ▼

こうちゃんは，今日は絵本，今日はパズルという感じで，1日こうちゃん自身が決めた遊びでしか遊びません。どのように誘っても無視します。あまりしつこく他のあそびに誘うと，怒り出すか，遊ぶものを持って安全な場所へ逃げていきます。逃げた後，その場でひたすらその遊びを繰り広げています。

その遊び自体も，新しいものへ移っていくのではなく知っているものに限定されています。

これは，新しいものが怖いという状態でしょう。どんなものかわからなくて，できないかもしれないから怖くて嫌なのです。

そして，新しいものが怖い度合いによって，こちらの刺激に応じてくれるかどうかが決まっています。ですから，反応をよく見ながら，交われる機会をうかがわなくてはなりません。

そこで，行った支援は以下の通りです。

- 子どもが遊んでいる遊びをやめさせようとしない※1
- 子どもが遊んでいる遊びを続けさせ，その中で交われる機会を探る
- 交われる機会があったら，少しだけ刺激することを繰り返す
- 反応してくれるようになり，交われるようになったら他の遊びを少しだけ見せてみる

※1
今の活動を楽しんでいるので，無理にやめさせることはしないほうがよいです。
やめさせられたことに対して，切り替えが悪い場合にはパニックになります。
それよりは，その遊びから発展させることを考えましょう。

| 目の動き・不器用さ | 対人関係 | 情報選択 | **チャレンジ** | 身体感覚 | 切り替え | 記憶力 |

- 子どもが他の遊びに少しでも興味を抱いた感があったら，遊び方を提示して楽しさを披露する
- 子どもが楽しさに興味を持ったら，遊びに誘う
- 少しでも他の遊びができたら，「一緒に遊んでくれてありがとう※2」と思い切りほめる

　こうちゃんは，最初は刺激をするとうっとうしそうでした。でも，少しで止めていたせいか逃げ出すことはありませんでした。

　そのうちに，刺激を少しだけ楽しむようになってきて，こちらの刺激を待つようになりました。これはチャンスです。

　すぐに他の遊びを見せました。楽しそうに方法を示しました。最初の何回かは，横目で見るだけでしたがその後は手を出すようになりました。

　他の遊びに手を出したときには，「先生，一緒に遊びたかったのよ。遊んでくれてありがとう！」とほめました。こうちゃんも嬉しそうな顔をしていました。

　それからは，他の遊びへの誘いにも対応するようになっていきました。対応できる能力は，いろいろな場面へ波及していくように思います。

※2
こちらが一緒に遊びたいということを伝えるのは，とても大切だと思っています。そしてありがとう，は最高のほめ言葉です。

支援のポイント

　新しいものを受け入れない場合は，そこに怖さがあると思った方がよいでしょう。ですから，いかに怖くなく，楽しいかを伝えることが大切です。少しずつ進めることが大切です。

新しいものが苦手な子ども

こう君
4歳2か月

36 慣れない部屋に入れない子ども

視覚支援で見通しを与え，安心できるようにしよう！

事例▼

　こう君は，クラス替えが起こると部屋に入れなくなりました。部屋どころか，靴箱だけでもパニックです。

　これは，新しい部屋がどのようになっているのか全く分からないことが不安なことが起因していると思います。今までと同じシステムなのか，自分の場所はどこになるのか，部屋のレイアウトは同じかどうか，等さまざまなことで不安になっているのだと考えられます。

　発達の気になる子どもたちは，想像もつかないほどに細かいところまで心配していることが多いように思います。もしかして，ここに不安？というところがあったら，丁寧に教えてあげることをお勧めします。

　さて，この場合には部屋の中，新しいクラスのシステムを丁寧に事前に教えることが必要です。

　具体的には，以下の支援をしました。

・門を通って，靴箱まで行くまでの写真での視覚支援※1と説明をする。靴箱の場所を示し，わかりやすくマークなどをつける

・靴箱の場所から通る廊下も視覚支援し，クラスの標識，ドアを写真で視覚支援する

・クラスの配置が見える風景を写真で視覚支援する

・子どものいすの場所，ロッカーの場所などを全体が移った写真の中でわかりやすく示す

・椅子やロッカーにマークをつける

※1
発達の気になる子どもたちの多くが，視覚から情報を得る方が簡単だと思っています。
ですから，絵や写真とともに言葉で教えてもらえることで，わかりやすくて安心して従うことができます。
また，わからなくて不安なので，見通しを示されわかることで安心できます。

| 目の動き・不器用さ | 対人関係 | 情報選択 | **チャレンジ** | 身体感覚 | 切り替え | 記憶力 |

- 番号と短い文章で部屋に入ったら行う手順を示す
- 手順の番号を慣れるまでは，行うべき場所に貼っておく
- 途中まで来ただけでほめ，また「入ろう」という気概がちょっと見えただけでほめる
- 手助けをしながら，ほめながら，入れるようにほめて勇気づけて進めていく

こう君は，視覚支援とマークなどによる構造化[※2]によって，安心して部屋に入れて支度もできるようになりました。

実は，写真での視覚支援をしただけで部屋に入る勇気を得て，そして部屋に入った後は手順がわかりやすく提示されているので，自ら動いて支度をしたのです。

わかりやすく支援することの重要性に気づかされます。子どもが部屋に入ろうとしないときには，何かがわからなくて困って不安で入れないのだと考え，見合った丁寧な支援をしたいものです。

※2
視覚支援によってわかりやすく環境を整えることを構造化と言います。
慣れたら1つずつ外していくことがお勧めです。

ヤダヤダ！

支援のポイント

予告と承認をして，安心して行動できるように整えることがまずは必要です。そして，見てすぐわかるような手順をわかりやすく提示することで自発的に行えるようになります。

2章 「ちょっと気になる子」が伸びる！効果的な支援の事例

感覚過敏や鈍麻がある子ども

りこちゃん
3歳5か月

37 エアードライを怖がりトイレに入れない子ども

エアードライがうるさいことを予告してみよう！

事例 ▼

りこちゃんは，家のトイレや園のトイレは平気で入れますが，店のトイレには入れません。その理由は，エアードライの機械の「ゴー」という音が怖いからです。

以前，エアードライの存在を知らなかったときにトイレに入り，大きな音を聞いて泣きながら耳を塞いでいたそうです。それからというもの，店のトイレには一切入ろうとしなくなりました。

これは，聴覚過敏※1（音に敏感）があるから怖いのでしょう。

りこちゃんにどう聞こえているかは想像できませんが，とにかく非常に嫌で怖い音なことは間違いないと思います。嫌なものがあるとき，大概の場合は避けるのですが，今回は避けるとお店のトイレにすべて行けなくなり，りこちゃんの生活を不便にします。

そこで，支援をすることにしました。具体的には以下の支援です。

- 家を出るとき，店に入るときに絵を見せながら「エアードライがあるかもしれない。でも我慢してトイレでおしっこできることが素敵。できたらシールあげるね」と伝える（視覚支援による予告とご褒美の支援）
- 実際にトイレの前に来たときに，再度予告とご褒美の確認をする
- 「大丈夫」と励ましながら，入る

※1
聴覚過敏とは，音に敏感なことを言います。音に敏感とは，単によく聞こえるだけではなく，音が一緒くたにすべて聞こえることを意味します。
音の調節は全くできずに音をすべて拾ってその音をそのまま流すような感じです。
いろいろなタイプの聞こえ方があるようですが，ざわついた音や大きな音，複雑な音に出会ったときに辛い感覚を得るようです。

| 目の動き・不器用さ | 対人関係 | 情報選択 | チャレンジ | **身体感覚** | 切り替え | 記憶力 |

入るときに,手で背中をさすりながら等励ましながら行けるとよい(子どもの大丈夫感[※2]を支えるため)
- 我慢しているときに,「がんばってるね」と励ます
- 用をたせて出てきたら,思い切りほめる。「がんばったね。スゴイね,イヤだけど我慢できたね」
- すべて終えたら,シールを貼ってもらう

　これは主に家で実施してもらいました。りこちゃんは,お母さんとの信頼関係があったせいか,視覚支援をして励まし,ご褒美を提示すると1回でエアードライのあるトイレに行けるようになりました。その後も,嫌そうではあるものの,大丈夫なのだそうです。

　あまりに嫌そうな顔をしているときには,お母さんは「イヤだね,でも大丈夫よ」と励ますといいます。よい支援だと思います。

　シールの支援はトイレが平気になったらやめても大丈夫になったようです。

　この支援に追加するならば,平気になった後の1か月後などに再度ほめるか,ご褒美をあげるといいと思います。間を置いてからまたほめられたりご褒美をもらうと,非常に行動が強化されます。常にほめる感じでいれば,自然と間を置いてからの強化になっているような気がします。気づいたときにほめるという感覚です。

ココに注目!

※2
子どもは大丈夫感がなくて不安で拒否をしているので,大丈夫と支えることはいろいろな支援で大切です。

支援のポイント

　聴覚過敏の辛さを理解し,その中で我慢しようとすることに共感しながら励ましていきましょう。

感覚過敏や鈍麻がある子ども

> なお君
> 4歳1か月

38 音楽会で耳を塞ぐ子ども

辛さを理解して目立たない方策を練ろう！

事例 ▼

なお君は、赤ちゃんの泣き声やスピーカーの少しだけ大きな音、工事の音、テーマパークなどのスピーカーでの音の拡散も苦手です。気分がすぐれないときだと、エアコンの音でさえも気になってしまうほどです。

幼稚園で音楽会があったとき、どうしても広い場所でみんなで合唱したり楽器を鳴らすので大きな音、複雑な音が混じりあった音がします。そのときになお君は耐えかねて耳を塞いで鑑賞していたようです。

逃げ出さないだけ、非常にがんばったと評価できるのですが、周囲からするとどうしても問題行動に見えます。嫌な行動に見えてしまうのです。

そこで、目立たない方策をとって支援することにしました。

音が嫌で、避けたいくらいならば、それを我慢するのは非常に大変だからです。

我慢させることを主眼に置き、慣れろと言わんばかりに指導をすると今度は避けることになります。避けるとはつまり、不登園※1です。より大きな問題になりかねないのです。

目立たない方策とは、以下の通りです。

・予告する

場所、大きな声がする、集団になるということ。耐えられないときの歌える方法や方策について。視覚支援

※1
不登園や不登校は、支援者からするとほんの些細なことで起こっています。
本人にとっては独特の辛さがあるので全く些細ではないことを意味しています。
実際によくあるのが、苦手さのあることに関することを強要されたことです。

| 目の動き・不器用さ | 対人関係 | 情報選択 | チャレンジ | 身体感覚 | 切り替え | 記憶力 |

ができるとよい
- どうしても耐えられないときには「気分が悪いので教室で待たせてください」と言う
- 耐えられる間は，こっそり耳栓をする（先生にこっそりつけてもらう）
- そもそも，無理な場合には終わるまで他の教室で待つ

参加こそが美徳と考えがちですが，参加したことで苦痛の方が大きくなり，周囲の人にも嫌な感じを与えるのであれば参加しないのも1つの手段だと思います。

理由を「大きな音を聞くと気持ちが悪くなる」と言ってもよいでしょう。

もしかすると，音だけではなく集団の中にいることもさらなる苦痛を与えている[※2]のかもしれません。

さまざまな苦痛が考えられますので，それらとうまく折り合いをつけながら，周囲に嫌な感じを与えないような支援を考えたいと思います。

なお君は，見えないくらいの小さな耳栓でがんばったようです。終わった後は少し疲れていたようです。

ココに注目！

※2
発達の気になる子どもたちは，集団の中にいることすらも苦手だったりします。
理屈ではない，嫌な気分があるようです。

支援のポイント

我慢させることばかりではなく，ときには「不参加」と言う選択肢があってもよいと思います。

感覚過敏や鈍麻がある子ども

さと君
3歳6か月

39 触られるのを嫌がる子ども

さりげなくタッチ，ほめたときのタッチから！

事例 ▼

さと君は，感覚過敏があるのか，触られそうになるとすうっと逃げていきます。そのさりげなさはこちらの心を読んだかのように見えます。※1

触られるのを避けるのは特に問題がなさそうではありますが，実は場所を誘導するときに困ります。そして，意思の疎通のときに困ります。

意思の疎通のときに避けられると，人はわかってくれていない感覚を得るからです。ですから，少しずつ触れられても大丈夫なように育てたいと思いました。

そこで，支援したのが以下のものです。

- 子どもの好きな遊びを多く行う
- 遊びの中で「楽しい」というときにハイタッチを促す
  （ときには，手を取って手助けしてハイタッチを教える）
  「イエイ」等と言いながらがよい
- 挨拶等，できたらハイタッチをする
- 課題を解決できた，がんばったときにハイタッチをする
- ハイタッチに慣れてきたら，肩や背中にタッチしていく

徐々に触れる範囲を増やして，触れられても大丈夫にしていくという支援です。子どもは，ハイタッチが基本的に好きなので導入しやすいように思います。

また，感覚過敏がある場合には，四つ這いになったときに雨が当たる部分は激しくないようですから，その部分から始めていくとよいでしょう。

※1
よく，発達の気になる子どもたちは空気が読めないといいますが，実は空気を読みすぎていて怖がっているのではないかと思えます。自分と他者を分けられていない節があります。それで，こちらの動きを機敏に感じ取り，危険回避しているように見えます。

| 目の動き・不器用さ | 対人関係 | 情報選択 | チャレンジ | **身体感覚** | 切り替え | 記憶力 |

たとえば，背中，頭，手です。

さと君は，ハイタッチもしようとせず，怖いものを見るような感じで支援者の手を見ていました。しかし，さと君の手を取って，「タッチ」とさせると次からはものすごく小さな，身体からあまり離れない位置でのタッチが始まりました。しかも，自発的には手は伸ばさずに待っている感じです。

そんな消極的なタッチから，やるうちに徐々に広がり，小さいながらも自分の身体から離れて自発的にタッチできるようになってきました。

タッチができるようになると，肩に触れられるのも嫌がらなくなり，やがて背中も大丈夫になりました。

これは，慣れもあるとは思いますが，嫌なときに触るのではなくて「楽しいとき」「達成感のあるとき」「ほめられたとき」というプラスの感情のときに触れられたことで，さと君の中のストーリーが変わったとも考えられます。※2

「触れられるのも，悪くない」と。

ココに注目！

※2
触れられたときに共にあった感情は，その人にとっての体験を左右します。
身体に記憶は宿ります。

スタスタ

支援のポイント

触れられるのが嫌ならば，徐々に慣れさせたり，感覚統合療法的に刺激の視点から育てていくのも効果があると思います。しかし，最も気軽にできるのが，よい感情のときにハイタッチから触っていく方法です。結局は慣れさせる方法ですが。

感覚過敏や鈍麻がある子ども

たい君
3歳1か月

40 運動会の鉄砲の音を嫌がる子ども

予告と承認，避難場所を決めよう！

ココに注目！

※1
あの音はいいけど，この音はダメ，ということがよくあります。
周波数の問題なのか，何かはよくわかりません。
そのせいで，わがままと取られることが多いのですが，実は本人にもよくわからない聞こえ方があり，独特の苦しさがあるようです。

事例▼

　たい君は，大きな音が苦手なようです。そうかと思えば，スマートホンの音は大きくしたいというところがあり，周囲は混乱しています。※1

　さて，大きな音で最も苦手なのが，運動会の鉄砲の音です。鉄砲を撃つ手前から耳を強く塞ぎますが，この音がすると，運動場から退散！と言わんばかりに脱走します。

　このような行動になるのは，音が心底苦痛だからでしょう。我慢しようと耳で塞いだけど，それだけでは全く足りなかったということなのかもしれません。

　発達障害の当事者研究で，目からの刺激も耳からの刺激も片っ端から入ってきて疲れるというものがあります。なかなか感覚や刺激を制御できないという苦しさがうかがえます。

　もしかすると，たい君には鉄砲の音が，私たちが感じる以上に脅威の音に聞こえているのかもしれません。だとすると，怖くて仕方がないですよね。

　しかしながら脱走すると，周囲は困ってしまいます。そこで以下の支援を実施しました。

・鉄砲を使うとわかっているプログラムを予告する
・鉄砲を使うプログラムのときに，イヤーマフや耳栓を使用して耐えるか，避難場所を決めて待つか選択させる

| 目の動き・不器用さ | 対人関係 | 情報選択 | チャレンジ | 身体感覚 | 切り替え | 記憶力 |

・イヤーマフ等で耐える場合，どうしても耐えられなくなったときには避難場所へ行くよう伝える。これらを絵か写真で示せるとよい

　たい君は，周囲と異なることを非常に嫌がるのでイヤーマフを使用することは拒みました。そして，耳栓も耳栓の感触が嫌だとのことで拒みました。

　ですから，必然的に避難場所を決めておくことになりました。避難場所を写真で示し，事前にプログラムの流れを伝え，そしてプログラムの前にも再度「鉄砲使うから，耐えられなかったら避難場所にお願いね」と伝えました。すると，定められた場所にきちんといたようです。ただ，フラフラしそうな雰囲気でしたので，ある注意点があることに気づきました。

　「いつまで待ちます」という明確な指示※2を与えていなかったのです。今後は，いつまで待つかも予告に加えるべきですね。

※2
忘れがちなのが，「いつまでか」の情報です。指示された子どもにとっては，いつまで待てばよいのかも重要なポイントです。
忘れるとフラフラします。

支援のポイント

　発達の気になる子どもたちの感覚は，独特なものがあります。必ずしもこちらにわかりやすい整合性があるわけではありません。ですから，個性を考えながらの支援が必要です。そして具体的にどうするのかを示すことが指示の際には必要です。

感覚過敏や鈍麻がある子ども

> こうちゃん
> 4歳1か月

41 特定の服以外は着ようとしない子ども

選択肢をあえて出す・他の選択肢のよいところを体感させる！

ココに注目！

事例 ▼

こうちゃんは，ズボンならこれ，服ならこれ，と必ず決めていてそれしか着ません。洗ったばかりで湿っていても，それを着ようとします。

無理だと伝えると，ひっくり返ってやけくそになるので，仕方なくいつも湿ったまま着ています。

これはこうちゃんにとって，生活しにくくなると考えられたので，支援することにしました。

特定の服に執着するのは，一見「こだわり」としそうです。「こだわり」と言う扱いにすると，「仕方がない」とあきらめる方向に思考が進みます。

しかし，こだわりと確定するにはまだ早いと思います。この場合には，他の選択肢を出してそのよさを体感させて，他のものも十分に理解させてみてから[※1]判断することがよいと考えました。

こだわりとは，そこから「安心」を得ているものですから，そのこだわりを失くすとパニックを起こすぐらいに荒れます。

こうちゃんの場合は，まだ他の選択肢についてはよく知らず，怖くて選べないのではないかという点がまだわかりませんでした。

ですから，まずは毎回「同じような素材のもの」か「同じような柄のもの」を用意し，「こっちはこれが最高」というようによさを伝え，触らせたりして実感させ

※1
わからないから怖くて，わかっているものに執着するということは，よくあります。
一見こだわりのようなので，多くがこだわりと呼んで放置しているものだとは思いますが，実は丁寧に説明をしたり，他のものも安全だと確認できると解消したりします。

| 目の動き・不器用さ | 対人関係 | 情報選択 | チャレンジ | 身体感覚 | 切り替え | 記憶力 |

ました。

　それでもはじめのうちはいつものを選んでいたのですが，繰り返し見せて選ばせているうちに他の服を選ぶようになりました。

　なぜかと聞かれると，明確な答えはないようです。特に似通ったというわけでもなく，全く違うわけでもないそうです。

　これは，おそらくいろいろなよさが腑に落ち^{※2}，安心につながったのだと思います。どのようなものかわかったから，安心して選べたのではないかと思います。

ココに注目！

※2
人は1か月くらい繰り返されると，そういうものだと感じていくようです。
強迫的にならない程度に繰り返すのは必要でしょう。

汚れたから
これに着替えよう。

イヤ！

支援のポイント

　こだわりと決めつけてひたすら子どもに合わせる前に，子どもに丁寧に説明することで子どもが他の選択肢を持てることがあります。また，どうしても慣れさせたいものについては，1か月程度繰り返しよさを繰り返すなど吸うことで「よい」と思えて受け入れられるようにもなります。

感情コントロールが苦手な子ども

たいちゃん
3歳3か月

42 自分の思い通りでないと すぐに怒る子ども

予告ししたがう力をつけよう，遊びで予定外の経験をしよう！

事例▼

　たいちゃんは，いつもは指示にもしたがえる子ですが，自分の中に誰も知らない筋道があるときには前兆もなく爆発します。突然怒り出します。

　そのときに驚きながらも，原因を聞くと，「そのやりかたじゃないんだよ！」と自己流の方法を通そうとします。その自己流の方法は，大概やりにくかったり面倒だったりし，周囲は「そうじゃないよ」とたしなめますが，たいちゃんは聞き入れようとしません。

　それどころか，指摘されればされるほど，「違うもん！ こうだもん！」と泣きながら怒ります。※1

　自己流が正しいと思っているというよりも，他の方法があるということを受け入れられないということのように感じました。

　そこで，次の支援をしました。

- 今から行うことの予告をして，大筋の方法を教える
- いろいろな方法があるということのみ伝えておく
- 違う方法を指摘されたときに，どうしたらいいかを教えておく。気持ちを静めるための深呼吸，上を向く，どうしても受け入れられないときには，「今はこれがいい，これにして」とお願いする等
- 「もしかすると，こうなるかも」と予測がある程度可能だけど完全には予測できない形で伝える。そうすることで，変化に対する心構えができ，変更や他の方法

※1
自己流が間違っていると言われると，子どもは全否定されたと感じてやけくそになります。そのときには余計に受け入れられません。そこで，予告して徐々に決めたことを守る経験をさせる方法と，一部だけでも認めたり，その気持ちを認めてから行う方法があります。

| 目の動き・不器用さ | 対人関係 | 情報選択 | チャレンジ | 身体感覚 | 切り替え | 記憶力 |

を受け入れやすくできる
- 予想外の遊びをその都度入れる。怒ってきたら，「そういうこともあるって」と伝えて面白く楽しく遊ぶ。楽しければ子どもは許してしまう。その繰り返しで，他の方法ややり方を受け入れられるようになる
- 子どもが自分流の方法で勝とうとしてきたら，「なるほどね。その方法もあるかもね※2」「やりたいのわかる。でもそれ聞いてない，やだな※2」と伝えて遊びを続行する。そのまま楽しむと，それもまた子どもは許してしまう。その繰り返しで，自己流が受け入れられなくても大丈夫になる

たいちゃんは，何度か予定を自分で変更しようとしたので，「それはお願いされていないし，いや」と言って断ると泣きそうになったりしました。しかし深呼吸や上を向くことを数回指導すると，自分で行い気持ちを収めるようになりました。

遊びのときにも，自己流でやろうとしたときにたしなめると同じようにできるようになりました。今では「え？」と聞くと「あ，だめか」と言って諦められます。

※2
子どもの気持ちを理解した上で，こちらの素直な感情を伝えることで，相手の感情を気にすることができるようになります。
ただし，穏やかに伝えましょう。

支援のポイント

自己流にこだわる子どもへは，他の方法があることを経験させることと，遊びの中で予想外の楽しい経験をさせることが効果的です。

感情コントロールが苦手な子ども

さらちゃん
5歳1か月

43 プレゼントがもらえないと怒る子ども

プレゼントをもらえないときもあることを学ばせよう！

ココに注目！

事例▼

　さらちゃんは，自分がやりたい順番，自分がやりたいものではないとき，ひっくり返ってぐずります。それでもかなわないときには，ぷいっとこちらに背中を向けてかたまり，無反応を決め込みます。そしてそのうちに泣いてしまいます。

　プレゼントがもらえないことも自分の思い通りにならないということで，ひっくり返ってぐずります。

　これは，「やりたい」や「欲しい」という欲求と「守るべきルール」との間の調整がうまくいっていない[※1]のだと感じます。

　そこで，次の支援を行いました。

- 一緒に遊ぶときは，自分の思い通りばかりにはならないことを事前に教える
- 一緒に遊ぶときには，自分と相手の「やりたいこと」をお互いに受け入れることを教える
- どうしても「やりたい」ときにはお願いすることと，その方法を教える
- プレゼント等，ルールがあることについては，ルールを守ることを教える
- 欲求を抑える行動を教える。深呼吸などをして「仕方がない」と唱えさせる等
- 我慢できたら，ほめる

　さらちゃんは，予告をされることによって我慢できる

※1
自分勝手で，わがままだと思われている子どもの多くが，欲求のコントロールがうまくいかずに問題行動を起こしているように思います。
発達の気になる子どもたちは，どうも欲求が何よりも優先される傾向にあるため，周囲からしたらわがままなのでしょう。
しかしながら，調整がうまくいっていないのですから，調整する術を教えてあげることが必要です。

| 目の動き・不器用さ | 対人関係 | 情報選択 | チャレンジ | 身体感覚 | **切り替え** | 記憶力 |

ようになっていきました。それでも，もらえると思っていたのがもらえなかったり，自分が必ずやろうと思っていたものができないときには，いすから降りて後ろを向いて固まりそうでした。

しかし，上を向いて深呼吸^{※2}をはじめ，しばらくしていすに戻ってきました。そして「わかった」と言って我慢しました。

思いっきり「すごいね，我慢できたね」とほめ，「ありがとう」ともさらちゃんに言いました。

それからは，あまり慣ることなく，怒りそうになると深呼吸を自然としています。

しかも驚くのは，思い通りにならなかったときに苦い顔をしながら耐えていることと，やりたいときには「ねえ，やらせて」とお願いできることです。

ココに注目！

※2
眼球の動きと思考は連動していると言われます。
上を向くと人は悪いことや暗いことが考えられません。
コントロールにもってこいの行動です。

支援のポイント

怒ったりぐずったりするのは，欲求と義務などの調整がうまくいっていないせいです。ですから，その調整を助けるような支援が必要です。

そのために，さまざまな分野の知識を利用し，子どもがコントロールできるように支援したいものです。

感情コントロールが苦手な子ども

ゆう君
3歳6か月

44 やりたくないことはやらない子ども

見通しを与えて守らせよう！

事例 ▼

　ゆう君は，「これやろうか」と誘うと，大概「そんなのやだ」と断ります。そして，「これやって欲しいな」と頼んでも，「嫌なの」と怒り出します。

　ときに，予告をして「これでいいよね」と言って「うん」と言っても，その後に「やっぱ気が変わった」と言って「変える」と言い張ります。それがかなわないときには，ぷいっと横を向いて怒っているのをあらわにし，反応しなくなります。

　少しでも嫌と感じると，怒ってしまうようです。
　そこで，次の支援を行いました。

・予定は一緒に決めたもの，ということを教える。つまり，一緒に決めたから，一緒に守るものだということ，相手も関係しているのだということを教える
・予定を守ることが，優しくカッコいいことなのだと教える
・自分も予定変更されると嫌で怒ることを認識させる
・変えたくなったとき，我慢して守れるとカッコいいけれど，どうしてもダメなときには「変えてもいいですか」と聞けばいいことを伝える※1
・我慢しても，変えてもいいか聞けたときのどちらに対しても「ありがとう」とほめる

　ゆう君は，予告のときに「変えたいときには『変えてもいいですか』『変えて』と頼んでもいいという指導を

※1
支援と言うと，我慢させるとか守らせることに目が行きがちですが，実際の社会では思ったことと違ったとして，予定変更を願い出ることも多いでしょう。
今後，社会で生きていくためには，変える方法を学ぶことも，我慢することと同様に重要です。

| 目の動き・不器用さ | 対人関係 | 情報選択 | チャレンジ | 身体感覚 | **切り替え** | 記憶力 |

受け,「わかった」と言い,しばらくは変更してほしいと言いませんでした。しかも途中で嫌だと言って放棄することもありませんでした。これは,「変えてもいい」という逃げ道を提示されたことが安心になった[※2]のではないかと思います。

そして,我慢できたことをほめました。

また,その後2回経過すると,ようやく「変えてもいい?」と聞けるようになりました。「よく頼めたね」とほめると,「本当に変えていいの?」と不安そうに聞き,「大丈夫だよ」と言うと嬉しそうでした。

その後は,変えたいときに頼めるようになりました。だからといってやみくもに変えていいかは聞きません。

さて,今後は変えていいか聞いた後に「やめて」と言われたときの対応です。

これも同様に,「嫌と言われたら,『わかった』と言って我慢できるといいよね。いつも変えられるわけじゃないね」と教えていくことで身につきました。

> **ココに注目!**
>
> [※2]
> 指導のときには,できなかったときの逃げ道も必要だと思います。逃げ道がないと誰しもチャレンジできません。

この本片づけよっか。

イヤ!

支援のポイント

約束を守ることの意味を教えること,そして約束を破ったときの相手の反応や気持ちについても教えることが大切です。

そのうえで,我慢できたらほめ,できないときにはその対処法を教えることが大切です。

感情コントロールが苦手な子ども　　　　　ともちゃん 4歳4か月

45 教えようとするとぐずる子ども

安心を与えて「できた感」を与えよう！

事例 ▼

　ともちゃんは，思い通りにならないとすぐにぐにゃぐにゃになってしまいます。そして，やらせようとして手を指し伸ばすとよりぐにゃぐにゃになり，全身で拒否します。

　「挨拶をしますよ」と言えばぐにゃっとしてやらなかったり，それ以上に教えようとすると立つこともしなくなります。楽しんで行っているパズルなどの課題についても，新しい視点を教えようと，方法を教えようとしただけで目をそらし，ぐにゃりとしてしまいます。

　<u>新しいことに対してできる気がしていなくて心配で直視できないのでしょう。</u>[※1]

　ですから，「できた感」を与えながら，新しい刺激を受け入れることは楽しいと思ってもらう必要があります。

　そこで次の支援を行いました。

- まずは見本を見せる
  見ているだけでほめる。やる気がなければ見ることもない
- 手助けをしながら，やらせる
  ときに一部，ときにこちらがすべて行う。しかし，子どもがやれて「できた」としてほめる。そして，新しい方法がわかってよかったと一緒に喜ぶ
- 次からも，少しずつ刺激をして，手助けしながらやらせてみてほめていく

※1
やれる気がしないとき，子どもたちは往々にして目をそらし，やる気がないそぶりをします。それは，さぼってその態度を取るわけではありません。
自信がないのです。ですから，自分にもできるという自信をつける関わりとともに，新しいことは楽しいと教える必要があります。

| 目の動き・不器用さ | 対人関係 | 情報選択 | チャレンジ | 身体感覚 | **切り替え** | 記憶力 |

・最終的には，子どもが自発的にやってみようかと思えるくらいになっているようにする

　ともちゃんは，最初はこちらがすべて行っても，「ふーん」と興味がないようでしたが，2回目にこちらがすべて行ったけれど「ともちゃんが（一部でも）やった」として「やったね」とほめると，嬉しそうにしていました。

　そして，自分でできるものを取り出し，「これもできるよ」と言わんばかりに，目を輝かせてアピールしました。※2

　その次からは，新しいものを見せたときにはやってみる姿勢が見られました。わからなければ，顔を上げて，見つめます。

　そこで，わからないときには「教えて」と言えばいいと教えました。すると，「教えて」と言えるようになりました。

※2
子どもは発達する存在です。
ですから，「できた」という喜びを感じたいのです。
「できた感」を感じると，子どもはどんどん次のことを行います。

あいさつは？

グニャリ...

支援のポイント

　子どもをやる姿勢にさせるためには，子どものできないかもしれないという不安に気づき，寄り添いながら「できた感」を味わわせることが必要です。
　「できた感」を味わうと，子どもは次々にチャレンジしていけるようになります。

ワーキングメモリが少ない子ども　　りつちゃん　4歳5か月

46 指示にしたがえない子ども

聞いていないと損する遊びをしよう！

事例 ▼

りつちゃんは、遊びながらだと完全に聞いていない感じで指示に全くしたがえません。これは遊びに集中しているからだと思えます。

しかし、聞いている感じだったときにも、やはり指示にしたがえません。

これは、様々な原因が考えられます。大きな2つについて説明します。

1つは、ワーキングメモリが少なくて覚えていられないことです。<u>ワーキングメモリが1つしかなければ、1つのことにしかしたがえません。</u>※1

そしてもう1つは、次のことを考えてしまったり他のものが目に入ることで指示が抜けてしまうことです。これも、ワーキングメモリが少ないからこそ、指示が抜けて他から入った刺激が残ってしまうのです。

そこで次の支援を行いました。

- ワーキングメモリを育てる支援として、絵を探す絵本で遊ぶ
  <u>絵そのものを探す、「～しているもの」という言語情報で探す</u>※2の両方からのアプローチをする
- 遊びの中で、「ながら遊び」を行う
  たとえば、トランポリンを跳びながら風船でバレーをする等
- 物を隠して何があったかを答えさせる遊びをする

※1
ワーキングメモリとは、作業記憶のことを言います。何か作業をするときに頭においておきながら行う能力です。通常は7つ程度あると言われますが、発達の気になる子どもたちは少なく、1つしかないと思っていた方がよい状態です。
きちんと聞いていても、多くの子どもが1つしか覚えていません。

※2
さまざまな角度からの記憶トレーニングが必要です。

| 目の動き・不器用さ | 対人関係 | 情報選択 | チャレンジ | 身体感覚 | 切り替え | **記憶力** |

- 宝探しに複数の指令を書いてみる
  宝探しのヒントが書いてある紙に，指令を書く。「お手玉を3回投げたら机の下を見る」等。複数回の指令がポイント
- しりとりをしながら，遊ぶ
  しりとり自体が，ワーキングメモリを育てる活動である
- 遊びながら絵を覚えさせる
- 何かの遊びをしているときにわざと話しかける

　りつちゃんは，絵本を最初は楽しんでいましたが，「〜をいくつ」という複数のものを探すものを嫌がりました。これは苦手だからです。そこで，一緒に行い，「できたね」と一緒に喜びました。すると，苦手ながらも自分でやるようになりました。

　また，しりとりは聞いていなければ遊べませんので，一生懸命に行いました。忘れると怒り出すので，忘れそうなのを感じたら，すぐにフォローして「できた感」を大切にしました。

　宝探しでも，指令を忘れるとプレゼントがもらえないので，一生懸命に行っていました。努力をするものの忘れそうになるのでその都度フォローして行いました。

　徐々に，りつちゃんは聞かなくてはならないという意識はついてきました。そして家では2つ3つの指示を同時に出してもしたがえるようになったとのことです。

支援のポイント

　指示にしたがえないときには，最初にワーキングメモリが少ないかもしれないと疑うことが必要でしょう。

ワーキングメモリが少ない子ども

47 歌が歌えない子ども

まずはワーキングメモリを増やす遊びをしよう！

事例 ▼

　なおちゃんは，童謡の歌がかかっていてもリズムは取るものの歌うことはありません。手遊び歌も同じです。園での音楽会で歌を歌うときにも，一切歌いません。言葉が全く出ていないということはなく，少し不器用ではありますが2語文は話すことができます。

　なおちゃんは，歌詞（言葉）を記憶し，音楽に合わせて歌詞（言葉）を出さなくてはならない合唱[1]というものが苦手でやりたくないのでしょう。

　以前支援した子どもで，歌を歌えなかったのが急に流暢に話し出したとともに歌を歌えるようになった子どもがいました。その子どもが「覚えていられなかったから話せなかったし，歌も歌えなかった」と言っていたことからも，歌を歌う支援よりも先にワーキングメモリのトレーニングから行うことにしました。とはいえ，併行して手遊びでの歌を歌う刺激は行いました。

　具体的な支援は次の通りです。

- ワーキングメモリを育てる支援として，絵を探す絵本で遊ぶ

　絵そのものを探す・「～しているもの」という言語情報で探す，の両方からのアプローチをする

- 遊びの中で，「ながら遊び」を行う

　たとえば，トランポリンを跳びながら風船でバレーをする等

※1
合唱，歌を歌うという動作は，実はかなり難しいもののようです。なぜならば，歌詞を覚え，歌詞を音楽に合わせて発語しなくてはならないからです。
しかも音に合わせることも大変なことです。

| 目の動き・不器用さ | 対人関係 | 情報選択 | チャレンジ | 身体感覚 | 切り替え | **記憶力** |

- 合わせることを学ぶために，トランポリンを跳びながら，「1，2，3」と声をかけ，「3」で大きなジャンプを促したり，真似するポーズをする[※2]

　なおちゃんは，絵を探すのがうまくなり，嫌がらなくなるのと同時に手遊びもできるようになってきました。そして，手遊びのときに不完全ではありますが，一部だけ歌いながら手を動かすという動作が見られるようになりました。

　家でも，一部だけ歌うことが見られてきたようでした。園での合唱では，同じく一部分だけ歌っている感じなのだそうです。しかし，リズムに乗っている感じの身体の揺れは今までにはないもので，参加している感じは非常に感じられたとのことです。

　今後も，ワーキングメモリと合わせるトレーニングは必要でしょう。記憶の自信と合わせる自信が出てきたら，きっと合唱できるようになるでしょう。

[※2]
「1，2，3，ジャンプ」などタイミングを決めて合わせて何かをすると，人に合わせるということを学びやすいです。
実は，音に合わせるのと人に合わせるのは似ています。

支援のポイント

　歌を歌うというのは，実はかなりの難しい事柄なのです。歌わなかった子どもがいた場合，「やる気がない」「さぼっている」とは見ずに「合わせられないのかもしれない」「覚えられないのかもしれない」という視点でとらえ，適切な支援をしていきたいものです。

ワーキングメモリが少ない子ども

> たく君
> 3歳6か月

48 おうむ返しが治らない子ども

直そうとしないで，言い方を教えよう！

事例 ▼

たく君は，言葉は2語文は話せます。しかし必ずおうむ返しをします。質問にも，質問をおうむ返し※1します。教えたことも，おうむ返しします。

おうむ返しと言うのは，しない人からすると非常に気になる事柄なのですが，当事者の記述などから見ると仕方がないことのことも多いようです。

耳から情報を取るのが苦手であり，情報の処理をするのが苦手な彼らは，いったん自分で口に出してからようやく整理できる，インプットできるというところがあるようです。

ですから，初めて聞く質問や，複雑な内容のときは特に1度言い直すということもあるのだということは認識しておくとよいと思います。

しかしながら，慣れた質問や簡単な質問ならばおうむ返しをしなくても十分に対応できるようになります。そのための支援は，以下の通りです。

・おうむ返しをしたら，正しいイントネーションで返す。確認もしない。ただ，見本を示す
・おうむ返しをしたら，処理している最中だと認識して待つ。子どもによって，それぞれのペースがあるので，それを感じ取りながら待つ時間を決める
・答え方がわからないように感じたら，答え方を教える

たく君は，質問に対するおうむ返しでしばらくは同じ

※1
おうむ返しは，実は「言い方を学んでいる最中」という意味もあります。
口に出してインプットして学んでいるのです。ですから，やめさせようと言わせない支援ではなく，言わせて覚えさせる支援がよいと思います。

| 目の動き・不器用さ | 対人関係 | 情報選択 | チャレンジ | 身体感覚 | 切り替え | **記憶力** |

ように質問形式で答えていました。「パズル，する？」に対して，「パズル，する？」という感じです。しかもそれは，答えた後すぐにパズルの方に手を伸ばしたので，「パズルをする」のは明らかでした。

そこで，答え方を教えるという支援の一環で「パズルする」とイントネーションを下げて答えるという見本を示していきました。※2 すると，たく君は徐々に，わかる質問に対してはイントネーションを下げて答えられるようになりました。

質問がわかるようになるまで根気強く教える必要があります。そして，わからない，慣れない質問に関しては，今は成長途中という認識で待つ姿勢と教える姿勢で今後も支援していく必要があります。

ココに注目！

※2
そのままおうむ返しをするために質問のイントネーションで答えることが多くあります。正しい見本を示しましょう。

支援のポイント

おうむ返しの支援では，根気強く答え方を教えましょう。そして，必ず言い方を覚えたらおうむ返しはなくなると信じて，教え続ける必要があります。

言い直しなどをさせると，そもそも答え方がわからないので，今後答えるのが嫌になってしまいます。見本を示すだけにしましょう。

ワーキングメモリが少ない子ども　　　　かず君 3歳2か月

49 質問を返してくれない子ども

簡単な質問をして返答の見本を教えよう！

事例▼

　かず君は，気分からなのか，難しいと感じる質問には答えないと決めているのか，自分の欲求については言ってくることが多いのに，こちらが聞く質問に関してはほとんど返答してくれません。

　遊びに夢中になっているのか，夢中になっているふりで質問を回避しているのかという感じです。こちらが観察するところだと，どうも回避するために遊びに夢中になっているふりをしているように見えます。

　おそらく，どのように答えたらよいかわからない[※1]のだと思われます。

　すなわち，答え方を教えれば答えてくれるようになるだろうと思いました。

　具体的な支援は以下の通りです。

- 質問に無視をしたときには，顔を覗き込む。そして，答えると信じて微笑んで待つ
- 答えないときにはこちらを気にして，こちらを向いたりするので，再度質問をする
- また黙ってしまったら，答え方を教える
　選択肢にして示せそうならば選択肢を示して答えさせる。それが無理なとき，明らかな答えがない場合にはその答え方を示す。その後1回程度，子どもに言わせる
- 子どもが真似をして答えたら即，実行する[※2]

※1
発達の気になる子どもは，自信がないときには徹底的に反応しないことが多いように思います。
どうしたらよいか，についてわかっていない子どもたちなので，どうしたらよいかを丁寧に細やかに教えることが，質問に対して無視をしないでやりとりできるようになる支援です。

目の動き・不器用さ　対人関係　情報選択　チャレンジ　身体感覚　切り替え　**記憶力**

　かず君は，顔を覗かれて気になり，向き合いました。そこで正しい言い方を教えられていきました。教えられては，実際に言って，その後はすぐにこちらに反応されてということを繰り返しました。

　その結果，その都度完全ではないものの言い方を覚え，同じ質問であれば言葉が一部だとしても返答できるようになっていきました。

　早いときには，1日で覚えました。やはり，言い方がわからなくて質問を無視していたのだと，改めて感じました。

ココに注目！

※2
子どもが真似をして言ったらすぐに反応すると言葉を覚えやすくなります。
すぐに反応があることは人にとって報酬となり，定着しやすいからです。

支援のポイント

　無視しているのは，悪意ではなくどう答えたらいいのかわからないからだという認識を持ち，質問に対する好ましい答え方を教えるようにしていくとよいです。そして，言葉をすぐに覚えさせるポイントは，すぐに反応することです。子どもに，言ってよかったと思わせること，そしてこれを言うとこうなるというシステムを体感させることが定着のポイントです。

おわりに

　この本を手に取っていただき誠にありがとうございます。本書を書いて願うのは,「子どもたちにとってわかりやすく安心な教育方法」が先生方や支援者の方,そして保護者の方に伝わることです。

　本書の内容を実践すれば,子どもはすぐに態度を変えるでしょう。そして,子どもの世界を変え,子どもが挑戦者になっていくに違いありません。学びを促進させるのは挑戦です。子どもは本来,挑戦しながら学ぶものなのです。

　本書は子どもの「やりたい」を育て子どもを挑戦者に変えていく具体的な方法を示しています。
　この方法は筆者が開催する発達支援講座でも「即実践できる,即効果の現れる方法」として好評です。発達支援の実践に必ず役に立つと自負しております。
　最後に,この方法論をまとめるにあたり,協力してくださった保護者と生徒の皆様に感謝を申し上げます。そして実践と理論との橋渡しをしてくださった愛知教育大学大学院特別支援教育科学専攻の先生方に感謝を申し上げます。

　本書が,皆様の実践で役に立ちますように。

2015年12月

発達支援教室クローバー主宰

細井晴代

【著者紹介】
細井　晴代（ほそい　はるよ）
1977年生まれ。愛知県立看護大学卒。10年間刈谷市保健センター保健師として勤務。愛知教育大学大学院修了。保健師，看護師，養護教諭2種免許を有し，教育学修士。自閉症及び障害児教育の専門家。発達支援教室クローバー主宰。愛知教育大学にて講師を務める。障害児への教育には定評があり，主宰する教室は常に満員である。

HP　http://hattatsu-clover.com/

〔本文・表紙イラスト〕木村　美穂

幼児教育サポートBOOKS
ちょっと気になる子どもを伸ばす！
保育者のための発達支援ガイド

2016年1月初版第1刷刊 ©著者 細井　晴代
発行者 藤原　光政
発行所 明治図書出版株式会社
　　　http://www.meijitosho.co.jp
　　（企画）木村悠　（校正）坂元菜生子
〒114-0023　東京都北区滝野川7-46-1
振替00160-5-151318　電話03(5907)6702
ご注文窓口　電話03(5907)6668

＊検印省略　　組版所 中　央　美　版

本書の無断コピーは，著作権・出版権にふれます。ご注意ください。

Printed in Japan　　ISBN978-4-18-222715-8
もれなくクーポンがもらえる！読者アンケートはこちらから →

好評発売中！

ソーシャルスキルが楽しく身に付く特効薬

学級経営サポートBOOKS
ソーシャルスキルを育てる！
ちょっと気になる子どもをまきこんだ学級あそび50

大畑　豊著
図書番号 1916／A5判 136頁／本体 2,100円＋税

ソーシャルスキルは、厳しく注意して身に付けるのではなく、楽しい雰囲気の中で自然に身に付けるもの。コミュニケーション力、語彙力、我慢の力、体と手のコントロール、集中力等のソーシャルスキルが楽しく身に付く遊びが満載！通常学級でも支援学級でも取り組めます。

目次より
●脳内スキャンで自己紹介　●この絵はな〜んだ？　●私はエスパー　●以心伝心ゲーム　●意見は異見　●みんなの境界線ゲーム　他

子どもの行動に悩んだ時、何をすべきかがきっと見つかる！

子どもと保護者のココロに寄り添う！
エピソードで学ぶ特別支援教育 A to Z ―幼児編―

松村　齋著
図書番号 1226／A5判 136頁／本体 1,860円＋税

早くお迎えが来たのに泣き出してしまった、歌が好きなのにみんなと歌えない、理由も分からず突然怒り出す…「あるある！」と感じた先生も多いのでは？巡回相談員の著者が出会った園でのエピソードを4コマまんがで紹介しながら、とっておきの支援をアドバイスします！

目次より
●入園式。きょろきょろ見回して突然前に飛び出した　●「先生嫌い！」と言って知らん顔　●お迎えが早くても遅くても泣き出してしまう　●笑いながら口に入れたのにはいてしまった　●嫌々折り紙を折ったら一目散に飛び出して行った　●午睡の時間もなかなか眠れない　他

明治図書　携帯・スマートフォンからは**明治図書ONLINEへ**　書籍の検索、注文ができます。　▶▶▶
http://www.meijitosho.co.jp　*併記4桁の図書番号（英数字）でHP、携帯での検索・注文が簡単に行えます。
〒114-0023　東京都北区滝野川7-46-1　ご注文窓口　TEL（03）5907-6668　FAX（050）3156-2790

＊価格は全て本体価表示です。